Hans Leyendecker

Die Lügen
des Weißen Hauses

Warum Amerika einen
Neuanfang braucht

Rowohlt

1. Auflage Juni 2004
Copyright © 2004 by Rowohlt Verlag GmbH,
Reinbek bei Hamburg
Alle Rechte vorbehalten
Lektorat Frank Strickstrock
Satz Life PostScript QuarkXPress 4.1
bei KCS GmbH, Buchholz/Hamburg
Druck und Bindung Clausen & Bosse, Leck
Printed in Germany
ISBN 3 498 03920 2

Inhalt

Vorwort

Im Präsidentschaftswahlkampf 2004, in dem George W. Bush gegen den demokratischen Herausforderer John F. Kerry antritt, geht es auch um Glaubwürdigkeit und Unwahrheit, um Moral und Amoral. Kann ein Präsident, der die Nation belogen hat, im Amt bleiben?

In diesem Buch werden die gröbsten Lügen der Regierung George W. Bush präsentiert. Lange vor dem Waffengang mit dem Irak verfügte die amerikanische Regierung über eindeutige Informationen, dass im Zweistromland schon seit Jahren keine Massenvernichtungswaffen mehr gelagert würden – sie wurden ignoriert. Manchmal passieren in der Politik einfach Fehler, selbst in existenziell wichtigen Situationen. Aber hier ist kein Fehler passiert, ist niemandem etwas versehentlich unterlaufen – es handelte sich um Vorsatz. Das wird im Folgenden gezeigt werden.

Es bedurfte einer besonderen historischen Konstellation, um jene «Lügenfabrik» zu errichten, die dieses Buch beschreiben wird. Um sie zu verstehen, muss man genauer betrachten, was hier alles zusammenkam. Dazu gehört nicht zuletzt der spezielle Lebens- und Karriereweg wichtiger Entscheidungsträger, ebenso der ideologische Hintergrund, dem sie entstammen. Deshalb steht vor dem Was und Wie in diesem Buch das Warum. Warum es möglich war, dass in der US-Politik der Krieg einen neuen Stellenwert erhielt und die Lüge als gleichwertiges Instrument zur Durchsetzung politischer Ziele neben die Wahrheit treten konnte, soll in einer Art Gruppenbiographie näher beleuchtet werden. Das Gesamtbild des Schwindels kann leichter nachvollzogen werden, wenn der Leser die Lebenswege der Akteure kennt. Vieles, was in der Ära Bush geschah, war schon vor Jahrzehnten angelegt.

Jahrelang schon hatte eine Gruppe Neokonservativer, deren Leitfigur der stellvertretende US-Verteidigungsminister Paul Wolfowitz ist, systematisch auf den Krieg hingearbeitet. Nach dem 11. September bekam sie plötzlich die Chance, ihre Träume zu verwirklichen: die von eigener Macht und die von Amerikas Weltvorherrschaft. Ein neues Instrument der Außenpolitik wurde geschmiedet: die Drohung mit dem Präventivkrieg. Gegen den Irak wurde es angewandt. Die Allmachtsphantasien des Weißen Hauses beunruhigten die Welt.

Wie sich diese Gruppe zu einem Faktor der Weltpolitik entwickeln konnte, mit welchen Mitteln und Strategien sie ihre Ziele verfolgen und wie die politischen Lebensläufe ihrer Mitglieder miteinander oft verflochten sind, kurz, woher die eigentlichen Architekten der neuen Bush-Doktrin kommen und was sie wollen – das will dieses Buch ein wenig genauer verfolgen als sonst üblich. Wir begeben uns dafür auf die Spur nicht nur von Machtpolitikern, sondern auch von Überzeugungstätern.

George W. Bushs ideologische Helfer, eine Mischung alter und neuer Erzkonservativer, haben die Grundlagen des neuen Traums vom amerikanischen Imperium in *Think Tanks* entwickelt, deren Bedeutung für die Politik in Washington in Europa immer noch unterschätzt wird. Sie fanden einflussreiche Verbündete in den Medien, die ihre Botschaft aufnahmen und mit Nachdruck verbreiteten: «Die Welt könnte ein schlechteres Los erwählen», als von einem Land wie den Vereinigten Staaten «beherrscht» zu werden, schrieb zum Beispiel Charles Krauthammer, Kolumnist der *Washington Post*. Man gefällt sich in der Vorstellung, «dass die

USA in der Lage sind, Normen zu definieren, Erwartungen zu verändern und neue Realitäten zu schaffen».

Neu ist solches Denken freilich nicht. Der Glaube, ein auserwähltes Volk zu sein, ist in unterschiedlichen Zeiten ein Merkmal der amerikanischen Politik gewesen. Amerikanische Tatkraft und europäischer Weltschmerz waren das Leitmotiv für Literaten des 19. Jahrhunderts wie Walt Whitman und Henry James. In der Geschichte ihres Aufstiegs zur Weltmacht haben Amerikaner immer wieder Kriegsgründe gesucht und erfunden. Ende des 19. Jahrhunderts hatten die USA ein starkes wirtschaftliches Interesse daran, dass Kuba sich von seiner Kolonialmacht Spanien befreite. Als am 15. Februar 1898 im Hafen von Havanna das Schlachtschiff «USS Maine» sank und mehr als 260 Besatzungsmitglieder ums Leben kamen, wurde die Fama verbreitet, spanische Saboteure hätten am Rumpf der «Maine» eine Mine angebracht. Wahrscheinlicher war, wie später herauskam, ein Unfall: die Explosion in einem Kohlenbunker, die das Schiff nach unten riss. Aber auf solche Details kam es dann nicht mehr an. In Amerika wurde erfolgreich für einen Krieg gegen Spanien getrommelt.

Und auch damals spielten die Massenmedien bereits eine fragwürdige Rolle; in diesem Fall der Zeitungszar Randolph Hearst. Er schickte einen Zeichner nach Kuba, um einen Aufstand der Kubaner gegen die Spanier im Bild festzuhalten. Als sich der Künstler mit der Botschaft meldete, dass es gar keinen Aufstand gebe, kabelte Hearst zurück: «Bitte bleiben. Sie sorgen für die Bilder, ich sorge für den Krieg.» Im April 1898 erklärten die Vereinigten Staaten Spanien den Krieg; er endete mit der Vernichtung der iberischen Seestreitkräfte.

Danach hat es noch etliche Angriffskriege gegeben, die idealistisch verklärt wurden. Mexiko, Haiti, Grenada, Panama, die Dominikanische Republik sind nur einige Namen auf einer langen Liste. Und immer wieder gab es Phantasten, die für den großen

Präventivkrieg schwärmten. In den achtziger Jahren des vergangenen Jahrhunderts, als Ronald Reagan regierte, gab es sogar einmal einen Strategen namens Herman Kahn, der den Erstschlag gegen die Sowjets befürwortete, selbst wenn es vierzig oder fünfzig Millionen Tote in den USA geben sollte. Der Historiker und frühere Berater des Präsidenten John F. Kennedy, Arthur Schlesinger junior, resümierte im September 2002: «Mit der Politik der Eindämmung und Abschreckung haben wir den Kalten Krieg gewonnen. Nach dem Zusammenbruch der Sowjetunion dankte jedermann dem Himmel, dass die Präventivkriegs-Irren in keinem wichtigen Land an die Macht gekommen sind. Heute jedoch sind sie anscheinend in den Vereinigten Staaten an der Macht.»

Und das macht einen Unterschied. Kriege wurden schon früher als Kulturkriege inszeniert, obwohl es eigentlich um das Streben nach mehr Territorium oder die Sicherung beziehungsweise Aneignung von Ressourcen ging. Aber neu ist, dass die Bush-Regierung kaum mehr den Versuch machte, ihre Verstöße gegen Bestimmungen des Völkerrechts oder die Charta der Vereinten Nationen zu camouflieren. «Es mag der Zeitpunkt kommen», erklärte Bush, «an dem wir allein dastehen. Mir ist das egal. Wir sind Amerika.»

Das ist die Stimme von jenem Amerika, das folgende Abkommen nicht ratifiziert, widerrufen oder torpediert hat: die internationale Konvention gegen die Diskriminierung von Frauen, den Anti-Raketenabwehrvertrag, die Vereinbarung von Kyoto gegen Klimaerwärmung, das Genfer Protokoll betreffend die Kontrolle der biologischen Waffen, das Protokoll gegen den Einsatz von Kindern in bewaffneten Konflikten, die OECD-Konvention zur Kontrolle der weitgehend kriminellen Offshore-Märkte. Als Amerika die Unterschrift unter den Vertrag zur Einrichtung des Internationalen Staatsgerichtshofs verweigerte, erklärte Außenamtsstaatssekretär James Bolton, ein bekennender Falke: «Das war der glücklichste Moment meiner Dienstzeit.» Der amerikanische Präsident erhielt per Gesetz das Recht, amerikanische Soldaten «mit allen notwendigen und angemessenen Mitteln» aus der Gewalt des Staatsgerichtshofs zu befreien – Bomben auf Den Haag?

Es ist die Stimme von jenem Amerika, das bei der Durchsetzung seiner geopolitischen Interessen, mag es um Einfluss oder Rohstoffe gehen, selten zimperlich gewesen ist. Im Irak ging es auch um Geopolitik. Die USA unterhalten gegenwärtig mehr als 700 Militärstützpunkte. Nach dem 11. September und den beiden Kriegen in Afghanistan und dem Irak waren mehr als ein Dutzend in aller Welt dazugekommen: am Persischen Golf, in Afghanistan, im Irak, in Kirgistan, in Osteuropa und in Usbekistan. Dort regiert übrigens der finstere Diktator Islam Karimow, einer der übelsten Despoten dieser Zeit. Die USA bändeln mit fast jedem an, der ihnen Geländegewinn verspricht.

Es ist die Stimme von jenem Amerika, das zu einer monströsen High-Tech-Militärmacht geworden ist, deren Militärhaushalt den kompletten Staatshaushalt der weitaus meisten Länder dieser Erde deutlich übersteigt. Mehr als vierzig Prozent aller Militärausgaben auf diesem Globus tätigt das Imperium allein. Der Wehretat für das Jahr 2004 liegt bei 401,3 Milliarden Dollar. Das ist mehr als die Ausgaben für Erziehung, Gesundheit, Justiz, Wohnungsbau, Interne Angelegenheiten, Bodenschätze/Umwelt, Kriegsveteranen, Wissenschaft, Verkehr, Soziales, Rentenversicherung, Wirtschaftsförderung, Sozialversicherungen, Landwirtschaft, Energie zusammen. Trotzdem sollen noch neue Atomwaffen entwickelt werden – die US-Regierung will künftig die bisher verbotenen Mini-Atombomben («mini-nukes») einsetzen.

Es ist die Stimme von jenem Amerika, das seit dem Schock von «Nine-Eleven», den Terrorangriffen des 11. September 2001, vor allem nach Rache ruft. Ein Feind musste her. Aus Gründen, die in diesem Buch näher interessieren sollen, fiel die Wahl früh auf den Irak. Durch die Vorbereitungen auf den Krieg wurde der Kampf gegen den islamistischen Terrorismus vernachlässigt. Die Welt ist nicht sicherer, sondern unsicherer geworden und die Gewalt hat sich noch verschärft. Der Irak wurde zum Übungsfeld für die Internationale des Terrorismus, die rechtsfreie Räume braucht. Während Bush den Sturz des Diktators Saddam Hussein betrieb, konnte sich al-Qaida metastasenartig über die Welt weiter ausbreiten.

Doch die Regierung Bush ist nicht die Stimme des ganzen Amerika. Inzwischen ist wieder sichtbar geworden, dass die Vereinigten Staaten längst kein monolithischer Block sind. Im Gegenteil. Das Land ist tief gespalten. Die Neokonservativen sind politisch gescheitert. Aber werden sie auch die Macht verlieren? Eine Fifty-fifty-Nation streitet über Terrorbekämpfung, Homosexuellenehe, Abtreibung, Schulgebet, Todesstrafe und Steuerpolitik. Dass dies mit solcher Erbitterung geschieht, wie gegenwärtig sichtbar, hat einen tieferen Grund, um den es in diesem Buch ebenfalls geht: Die Vereinigten Staaten streiten um einen Neuanfang. Und sie brauchen ihn.

I. Die Denkfabrik

Das Spiel mit der Wahrheit

Lügner, das sind die anderen. Kein Politiker möchte als Lügner gelten. Die meisten sind fest davon überzeugt, sie seien wahrhaftig. Ebenso fest jedoch ist ihre Überzeugung, dass es in diesem Berufsstand durchaus Schwindler gibt und dass der Wähler sie politisch bestrafen, also abwählen muss.

Als George W. Bush sich im Herbst 2000 um das Präsidentenamt bewarb, war der amtierende demokratische Präsident Bill Clinton für die Republikaner eine Hassfigur: Clinton habe gelogen, erklärten Bushs Helfer mit Blick auf die Lewinsky-Affäre, und ihr Kandidat beteuerte, er werde «wieder Ehre und Würde» ins Weiße Haus bringen.

Dies war die erste große Lüge, und es sollten so viele folgen, dass Bush bei Besuchen im Ausland von Demonstranten empfangen wurde, die sich eine Maske des Präsidenten mit überlanger Pinocchio-Nase aufsetzten. Bush wird vermutlich in die Geschichte als jener US-Präsident eingehen, der außerhalb Amerikas so unbeliebt war wie kaum einer vor ihm. Dem italienischen Schriftsteller Umberto Eco kommt Bush vor wie «ein Drittweltführer, der aus Versehen ein hoch entwickeltes Land regiert». Die Welt hoffe auf Bushs Abwahl, schrieb der liberale Londoner *Guardian* im Frühjahr 2004 bündig.

Die gröbsten Lügen wurden erfunden, um den Irakkrieg zu rechtfertigen. Nicht nur George W. Bush, sondern seine engsten Mitarbeiter, allen voran Vizepräsident Dick Cheney, haben ein regelrechtes Lügensystem errichtet und auch noch nach dem Krieg aufrechterhalten. Und die mächtigen Geheimdienste lieferten das Alibi für den amtlichen Schwindel. Geheimdienste sind eigentlich dazu da, ihren Regierungen auch unbequeme Wahrheiten zu sagen. Auch sie haben sich unglaubwürdig gemacht, was angesichts der Gefahr durch den fundamentalistischen internationalen Terrorismus besonders bedenklich ist. Wer wird ihnen noch glauben, selbst wenn sie mit künftigen Bedrohungsanalysen Recht haben? Und das gilt erst recht für die Politiker. In der Staatsform der Demokratie ist das Volk der Souverän, und politische Herrschaft wird grundsätzlich nur auf Zeit übertragen. Der Souverän wurde systematisch belogen, und die Lüge wurde dramatisch inszeniert – so wie Colin Powells medienwirksamer Auftritt vor den Vereinten Nationen am 5. Februar 2003.

Politik kam nie ohne Rhetorik aus. Und die Kunst der Rede ist stets auch mit der Gabe zum Überreden verbunden gewesen. Von der Antike bis in die frühe Neuzeit zählte die unmittelbare Wirkung des Wortes. Und manches erwies sich dann später, bei genauerem Nachlesen, als fragwürdig.

In der modernen Welt ist neben das Wort das Bild getreten – ein Medium von noch größerer verführerischer Kraft. Wenn der amerikanische Außenminister vor den Kameras der Weltöffentlichkeit ein Röhrchen hochhält, in dem genug Gift sein soll, um Hunderttausende zu töten, so ist in diesem Augenblick die Suggestion der Gefahr, die vom Diktator Saddam Hussein ausgehen soll, nahezu total.

Mit Bildern wird getäuscht, getrickst und betrogen. Der Zuschauer hat sich an solche Manipulationen gewöhnt, zumal sie ja häufiger zu Unterhaltungszwecken vorkommen als zur Inszenierung politischer Lügen. Mittlerweile sind Computertüftler in der Lage, Menschen auf dem Bildschirm beliebige Sätze in den Mund zu legen. Maschinen lernen, alle Facetten eines Dialogs zu beherrschen, inklusive Mimik und Gestik. In dem Spielfilm «Forrest Gump» schüttelt der Schauspieler Tom Hanks Präsident John F. Kennedy die Hand. Kennedy war schon tot, als Hanks geboren wurde. Aber die Illusion ist vollkommen. Der Kamera ist es gleich, ob sie 24 Bilder Wahrheit oder 24 Bilder Unwahrheit pro Sekunde aufnimmt. Und das Publikum blickt immer weniger durch, was wesentlich oder unwesentlich, Meinung oder Wirklichkeit, Behauptung oder Tatsache ist. Aber glücklicherweise liegen Verschleierung und Aufdeckung oft immer noch dicht beieinander, wie die Geschichte der USA zeigt.

Seit den sechziger Jahren wird im amerikanischen Fernsehen Politik vornehmlich über Bilder gemacht. 1960 traten die Präsidentschaftskandidaten Richard D. Nixon und John F. Kennedy zum ersten TV-Duell der Geschichte an. Das Fernsehen war schwarzweiß und eine röhrentechnische Katastrophe. Und so sah Nixon denn auch aus: wie ein Ganove, dem man bestimmt keinen Gebrauchtwagen abkaufen würde. Das wenig differenzierte Studiolicht legte ihm einen hässlichen Bartschatten um die Backen, seine Nase warf einen weiteren Schatten aufs Gesicht, und bei der Wahl verlor Nixon, der acht Jahre Vizepräsident Dwight D. Eisenhowers gewesen war, gegen den Aufsteiger aus Boston, der eindeutig besser rüberkam im Fernsehen. (Historisch unbestritten ist allerdings, dass der Sieg Kennedys auch durch Betrug zustande kam. Im Bundesstaat Illinois wurde das Wahlergebnis so lange verfälscht, bis Kennedy vorne war.)

Ein Bild sagt mehr als tausend Worte, und darum verlor nicht nur Nixon die Wahl von 1960, sondern Amerika den Krieg in Vietnam. Er ging auch deshalb verloren, weil die USA ihn nicht besser zu fälschen wussten. Zwar fand sich zur rechten Zeit ein «Tonkin-Zwischenfall», um den Gegner mit dem nötigen Aggressionspotenzial auszustaffieren – Berichte über einen in Wahrheit nicht erfolgten Überfall nordvietnamesischer Boote auf den US-Zerstö-

17

rer «Maddox» im Golf von Tonkin gaben dem amerikanischen Präsidenten Lyndon B. Johnson die Rechtfertigung, Nordvietnam anzugreifen. Eindringlicher aber waren die Bilder der heimkehrenden Flugzeuge mit toten Soldaten. Zwar fehlte es nicht an Heldengeschichten, aber die reichlich eingeflogenen Journalisten sahen in Vietnam keine Helden, sondern einen Krieg gegen Frauen und Kinder. Und das tägliche Schlachten in Südostasien wurde im Fernsehen zu Hause so regelmäßig gesendet wie der Wetterbericht.

Die allgemeine Erschütterung war so wirkungsvoll, dass sich der junge Wehrpflichtige George W. Bush wie Tausende andere auch vor dem Kriegseinsatz drückte. Am Ende blieb den militärisch überlegenen USA nur der Rückzug; das Volk hatte gesiegt, die Bilder waren stärker gewesen als die Kampfjets.

Jetzt war George W. Bush Kriegspräsident, und er brauchte die richtigen Bilder. Kaum hatte der «Krieg gegen den Terror» begonnen, setzte sich der Präsident mit führenden Hollywood-Produzenten ins rechte Benehmen. Hollywood und das Pentagon sind manchmal ein Herz und eine Seele. Wer als Produzent den Amtsweg wählt und bereit ist, auf die Wünsche des Militärs einzugehen, der darf Flugzeuge, Hubschrauber und Schlachtschiffe beinahe kostenlos nutzen.

Am 1. Mai 2003 kam es zu dem bereits legendären Auftritt Bushs an Bord des Schlachtschiffs «Abraham Lincoln», auf dem der Präsident zum eigenen Ruhm und zur Feier der Heimkehr seiner Soldaten dem *codpiece* zu neuen Ehren verhelfen sollte. Die Sache war perfekt geplant: das Schiff sollte demobilisierte Soldaten aus dem Irak zurück in den Heimathafen befördern; der Präsident landete in einer S-3B Viking, die gewöhnlich zum Auftanken dient, auf dem großen Schiff. Die monströse Selbstdarstellung, eine Mischung aus «Top Gun» (1986) mit Tom Cruise und «Independence Day» (1996) mit dem Präsidentendarsteller

18

Bill Pullman, geriet zu einem ziemlichen Schmierentheater. Die Hybris war den Beteiligten im Nachhinein peinlich. Die Idee zu dem riesigen Transparent mit der Aufschrift «Mission accomplished» («Auftrag ausgeführt») sei den Soldaten gekommen, erklärten Bushs Wahlkampfplaner. Nein, widersprachen die Militärs. Das Banner sei vom Weißen Haus geordert worden. Diesen Auftritt dürfte auch der Präsident mittlerweile bedauern. Weder ist die Intervention beendet, noch sind die Massenvernichtungswaffen gefunden worden, über die er an Bord des Flugzeugträgers geredet hatte. Im Irak zeichnet sich ein schrecklicher Bürgerkrieg ab, in dem Sunniten und Schiiten mal Verbündete, mal Todfeinde sein werden. Und fast täglich sterben amerikanische Soldaten, Zivilisten, Iraker.

Weil Bush im Ruf steht, die Wirklichkeit zu verfälschen, schaden ihm mittlerweile auch kleine Schwindeleien. Als eine Art Hollywood-Stunt wurde im November 2003 von seinen Beratern zunächst eine überraschende Visite Bushs in Bagdad gefeiert. An Thanksgiving besuchte der Präsident die Truppe in Bagdad und ließ sich inmitten der Soldaten beim Servieren eines Truthahns fotografieren. Die Bush-Leute erklärten, die Reise sei gefährlich gewesen. Fast sei der Coup aufgeflogen, weil ein British-Airways-Pilot die Präsidentenmaschine Air Force One in der Luft erkannt und dies auch gefunkt habe. Später stellte sich heraus, dass der Truthahn nicht echt war, und den neugierigen Piloten gab es auch nicht. Stattdessen viele hämische Kommentare.

Wahrheit und Glaubwürdigkeit sind in einem Land, dessen erster Präsident mit dem Satz «I never told a lie» in die Geschichtsbücher eingegangen ist, wichtige Begriffe. Dort steht George Washington neben «honest Abe», dem nicht weniger aufrichtigen Abraham Lincoln. In einer Nation, in der Glaube und Kirchentreue so tief verwurzelt sind, wie sich das säkularisierte Europäer kaum vorstellen können, ist Wahrheit ein hochmoralischer Be-

19

griff. (Oder zumindest das, was als Wahrheit so selig in sich selber scheint.)

Das hat verschiedene Präsidenten keineswegs davon abgehalten, die Unwahrheit zu sagen. Richard Nixon log unter anderem in der Watergate-Affäre und ging mit dem Satz über einen Freund in die Annalen ein, dieser werde nie ein guter Politiker sein, weil er nicht lügen könne. John F. Kennedy machte eine Raketenlücke aus, obwohl er es besser wusste, Ronald Reagan schwindelte (ebenso wie George H. W. Bush) heftig in der Iran-Contra-Affäre, und Bill Clinton log über seine Beziehung zu der Praktikantin Monica Lewinsky: «Ich hatte niemals eine sexuelle Beziehung mit dieser Frau.»

Das Spiel mit der Wahrheit gehört durchaus zur amerikanischen Debattenkultur. In der Ära des jüngeren George Bush aber wurde das Lügen und der Vorwurf der Lüge zum Gegenstand fast jeder wichtigen politischen Debatte in den nationalen Medien. In einer Art Vorwärtsverteidigung versuchten die konservativen Vormänner wie die Fernseh- und Radiomoderatoren Joe Scarborough und Rush Limbaugh oder rechtspopulistische Autoren wie Sean Hannity und Mike Savage die Liberalen im Legitimationskampf um den Krieg mit dem Vorwurf der Lüge niederzuhalten. Auch vor plumpen Erfindungen schreckten die Rechten nicht zurück. Zunächst hatten sie damit Erfolg. Als dann der Hurrapatriotismus abebbte, drehten liberale Widersacher wie Michael Moore oder der ehemalige Fernsehkomiker Al Franken den Spieß um und machten die Lügen der konservativen Demagogen zum Gegenstand ihrer Polemiken und Betrachtungen.

Für den renommierten Washington-Korrespondenten der Wochenzeitschrift *The Nation,* David Corn, liegt der Hang zur Lüge in der Natur des Präsidenten. Im Vorwort zu seinem Buch «The Lies of George W. Bush» gibt Corn den Ton vor: «George W. Bush ist ein Lügner», schreibt er. «Er hat im Kleinen wie im Großen gelogen, direkt und durch Verschweigen. Er hat die Wahrheit ausgeplündert – nicht nur durch einfache Fehler, sondern geplant, bewusst und wiederholt.» Und er hat es, wie Corn ausbreitet, weit über den Krieg gegen den Terrorismus hinaus in einer ganzen innenpolitischen Palette von Themen getan. Die Kritiker verbittert vor allem, dass Bush sogar in einem Bericht zur Lage der Nation die Unwahrheit gesagt hat.

Dass eine Lüge im bewussten Behaupten einer nach eigener Überzeugung falschen Aussage besteht, darin kamen selbst Antipoden wie Kirchenvater Augustinus und Friedrich Nietzsche überein. Franz Josef Strauß hatte sich die Dinge ähnlich praktisch zurechtgelegt: «Lüge heißt in Kenntnis der Wahrheit – also bewusst – die Unwahrheit sagen.» Strauß war ein Meister im Erfinden von Geschichten. Er schaffte es, mit den chinesischen Kommunisten zu kungeln und gleichzeitig zu behaupten, er sei der von den Kommunisten meistgehasste Mann.

Glauben Politiker ihrem eigenen Schwindel? Glaubte Helmut Kohl an die blühenden Landschaften im Osten, hielt Hans Eichel vor der Bundestagswahl 2002 wirklich die Lage der Finanzen für halbwegs stabil? Im Bundestag gab es einen «Lügenausschuss», und die viel beschriene Politikverdrossenheit bekam neue Nahrung. «Politik ist ein schmutziges Geschäft», «Politik verdirbt den Charakter» – solche Sätze haben nicht nur in Deutschland den Status von beständigen Spruchweisheiten.

«Niemand hat je Wahrhaftigkeit zu den politischen Tugenden gerechnet, Lügen scheint zum Handwerkszeug nicht nur des Demagogen, sondern auch des Politikers und sogar des Staatsmannes zu gehören», schrieb Hannah Arendt in ihrem Essay «Wahrheit und Politik». Und Niccolò Machiavelli, der Philosoph der Macht, befand 1513 in seinem berühmten Werk «Der Fürst»: Die «Menschen sind so einfältig und gehorchen so leicht dem

Zwang des Augenblicks, dass der, welcher betrügen will, stets einen finden wird, der sich betrügen lässt. So muss der Fürst Milde, Treue, Menschlichkeit, Redlichkeit und Frömmigkeit zur Schau tragen und besitzen, aber wenn es notwendig ist, imstande sein, sie in ihr Gegenteil zu verkehren.»

Wo also beginnt in der Politik die Lüge? Denn nicht alles, was Lüge genannt wird, ist auch Lüge. So zeigt der katholische Moraltheologe Eberhard Schockenhoff aus Freiburg in seinem klugen Buch «Zur Lüge verdammt?», dass Diplomaten, wenn sie etwa abfällige Äußerungen hochrangiger Politiker über ausländische Staatsmänner grundsätzlich in Abrede stellen, keineswegs lügen, sondern einer Konvention folgen. Schließlich, so Schockenhoff, wüssten ja alle, dass ein formelles Dementi nicht den Tatsachen entsprechen müsse: «Dementis sind Höflichkeitsfloskeln.»

Ähnliches gilt in Wahlkämpfen. Wenn Parteien oder Politiker ihre angeblichen Erfolge hervorheben und ihre Misserfolge bestreiten, so gebrauchen sie übliche Stilmittel, die allen Beteiligten vertraut sind. Selbst wenn sich beide Seiten gegenseitig Täuschung und Betrug vorwerfen, gehört das noch zum normalen Umgangston. «Suggestive Schlagworte» wie «saubere Umwelt» oder «Rentenlüge» seien «Kampfinstrumente der politischen Rhetorik», erklärt Schockenhoff. Es sei verfehlt, sie als moralisch verwerfliche Lügen zu charakterisieren. Die Wahlbürger wüssten im Allgemeinen, dass Wahlkampfversprechen nicht wörtlich zu nehmen sind. Und deshalb wollen wir uns in den folgenden Kapiteln um derlei auch nicht kümmern.

Aber im Parlament, vor Untersuchungsausschüssen oder in Reden an ihr Volk müssen verantwortliche Politiker die Wahrheit sagen. Politiker, die sich auf die Bewahrung von Recht und Gerechtigkeit verpflichtet haben, dürfen sich nicht über das Gesetz stellen. Sie müssen aus ihrer Macht und ihrem Einfluss auch Verpflichtungen ableiten. Wahrhaftigkeit setzt zumindest einen Grundstock an Wahrheit voraus. Die Lüge, so hat Immanuel Kant geschrieben, macht den Menschen «in seinen eigenen Augen zum Gegenstande der Verachtung, und verletzt die Würde in seiner eigenen Person». Im Falle der Politik verletzt sie auch die Rechte des Souveräns, seine Chance auf ordentliche politische Willensbildung wird gefährdet.

Manchmal rächt sich der Souverän. In Spanien wurde im März 2004 die konservative Regierung abgewählt, weil die Regierenden aus wahltaktischen Gründen nach den Anschlägen von Madrid den Verdacht auf die baskische Terrorbande Eta gelenkt hatten, anstatt der offensichtlichen al-Qaida-Spur zu folgen. Aus dem Entsetzen über das Massaker, bei dem rund 190 Menschen starben, war wenige Tage vor der Wahl Wut auf die Regierenden geworden. Auch Spaniens Medien gerieten in Aufruhr, weil Regierungschef Aznar, der selbst nicht mehr zur Wahl stand, versucht hatte, die Berichterstattung zu manipulieren, um die Chancen seiner konservativen Volkspartei PP zu verbessern. Es war einiges zusammengekommen: Der arrogante Aznar hatte gegen den Widerstand der Bevölkerung Soldaten in den Irak geschickt und sich die erfundenen Kriegsgründe der Amerikaner zu Eigen gemacht; der Großteil der Bevölkerung war gegen den Krieg gewesen. Die Regierten waren die Schwindeleien leid. Schon nach der Ölpest an Galiciens Küste hatte die Regierung die Gefahren klein geredet, nach dem Absturz von spanischen Afghanistan-Soldaten in einem ukrainischen Transportflugzeug wurden die Fakten verschleiert.

Aber es braucht immer wieder Aufklärung, um die Lüge als Anschlag auf die Demokratie zu enthüllen. Die «demokratische Öffentlichkeit», die «vierte Gewalt im Staate» oder auch nur etwas in neueren Zeiten so Selbstverständliches wie «die Opposition» gab es in den vergangenen zweieinhalb Jahren in den USA

23

zeitweise kaum mehr. Viele Medien lagen im Tiefschlaf, litten unter einem staatlich verordneten Trauma oder stellten sich gleich freiwillig tot. «Wo wart ihr eigentlich die ganze Zeit?», fragte die *New York Review of Books*, als endlich Zweifel an der offiziellen Version aufkamen: an den viel beschworenen Massenvernichtungswaffen, an Saddam Husseins Koalition mit Osama Bin Laden, an der Begeisterung der irakischen Bevölkerung für die amerikanischen Befreier. Immer noch unter dem Eindruck des 11. September, verhielten sich die Medien monatelang so staatstragend und unterwürfig wie weiland das *Neue Deutschland*. Die Opposition wagte erst recht nicht, den Kopf zu heben, da sie befürchtete, als unpatriotisch gebrandmarkt zu werden. Der Staat, der sich schützen wollte, versank im Stupor einer Duldungsstarre, aus der er erst jetzt wieder langsam herausfindet. Wie so häufig in der Geschichte Amerikas schlägt das Pendel aber wieder zurück.

Es gibt grobe und auch feine Kritik am 43. Präsidenten, der sich als Mann des Volkes versteht und das Volk doch hereingelegt hat. Die *New York Times* unterschrieb ein Foto zu einem Bericht über die schönen Bilder, die sich seine Medienberater für den Präsidenten ausdenken, mit dem noch schöneren Satz: «The White House makes sure he's always ready for his close-up.» Das ist eine Anspielung, die allerdings nur die Cineasten unter den Bush-Verächtern in ihrer ganzen Gemeinheit zu erkennen vermögen: Sie bezieht sich auf den Abgang der vergessenen Stummfilm-Diva Norma Desmond in Billy Wilders Film «Boulevard der Dämmerung» (1950). Die Schauspielerin hat ihren Geliebten erschossen und wird abgeführt. Noch einmal erregt sie damit die Aufmerksamkeit der Wochenschau und hält dies in ihrem Wahn für Dreharbeiten zu ihrem ersehnten Comeback.

Vielleicht behält die *New York Times* ja Recht.

Der Erwählte – George W. Bush

Für die linken Intellektuellen in Europa, für seine politischen Gegner und auch für manchen seiner Parteifreunde ist George W. Bush, Jahrgang 1946, lange Zeit eher eine Lachnummer gewesen als ein Furcht erregender Präsident mit imperialem Anspruch. Auch die konservativen Ideologen der Think Tanks, von denen im Folgenden die Rede sein wird, konnten mit dem Texaner zunächst wenig anfangen. Seine Sprache war ungelenk, teils unfreiwilliges Kabarett, teils Ärgernis. Er redete über Zuversicht, Wärme, Optimismus, Kindersegen und ein Volk in der Pflicht. Die üblichen Floskeln – eine klare Vision hatte er nicht. Bevor Bush im Jahr 2000 in den Wahlkampf gegen den demokratischen Bewerber Al Gore zog, wurde er gefragt, ob er sich mit den ehemaligen Helfern seines Vaters umgeben wolle: «Ich habe für die Leute, die für die verlorene Wahl meines Vaters verantwortlich sind, keine Verwendung», sagte Bush. «Das hier wird mein Rennen sein, nicht das meines Daddy.»

Dennoch finden sich in der zweiten Bush-Regierung viele Namen von US-Politikern, die schon beim ersten Bush dabei waren: Vizepräsident Richard «Dick» Cheney, die Nationale Sicherheitsberaterin Condoleezza Rice, der stellvertretende Verteidigungsminister Paul Wolfowitz; Außenminister Colin Powell war Chef der Vereinigten Stabschefs bei Bush senior. Zunächst der ersten, jetzt der zweiten Bush-Administration gehören an: die Landwirtschaftsministerin, die Arbeitsministerin, der Energieminister, der

Minister für Veteranenfragen, der Stabschef des Weißen Hauses und der Chefberater des Weißen Hauses. Nur Verteidigungsminister Donald Rumsfeld ist bei Bush senior kein Kabinettsmitglied gewesen – die beiden verband nichts als eine innige Abneigung.

Obwohl Bush junior viele der Alten übernahm, hatte er zuvor mit den meisten von ihnen kaum etwas zu tun gehabt. Den Vizepräsidenten, der ihm bei der Kabinettsbildung half, kannte er vor allem von gemeinsamen Jagdausflügen. Wolfowitz war Mitglied einer Expertengruppe gewesen, mit der er sich vor der Wahl gelegentlich getroffen hatte. Zu Rumsfeld pflegte er vor der Wahl keine nennenswerten Kontakte. Nur Condoleezza Rice, die dem alten Bush als Expertin für die Sowjetunion aufgefallen war, tauchte früh an der Seite von George W. Bush auf. Auf Powell hatte er stets selbst gesetzt. In den folgenden Kapiteln werden die wichtigsten Personen seines Kriegskabinetts porträtiert.

Wie auch die Neokonservativen, die er dann aus den Think Tanks in seine Administration holte, neigte Bush junior schon früh dazu, die Welt, in Richtig und Falsch, Gut und Böse einzuteilen. Ein strammer Ideologe war er deshalb nicht; er träumte nur den normalen amerikanischen Traum von Größe, Stärke und «God's own Country». George W. Bush hat das Talent, sich Freunde zu machen. Er erwies sich als ein erfolgreicher Geldsammler, und im Umgang mit den Wählern war er geschickt und kontaktfreudig. Die «geistig-moralische Herausforderung» wollte er suchen, eine «geistig-moralische Reform» einleiten; die Ära Bill Clintons, der seinen Vater geschlagen hatte, sollte endlich Vergangenheit sein.

Lange nicht, möglicherweise nie, hat sich Bush von der Rolle des ewigen Sohnes frei machen können. 1989 sagte er noch selbstkritisch: «Wissen Sie, ich könnte mich als Gouverneur bewerben, aber eigentlich bin ich eine Erfindung der Medien. Ich habe noch nie etwas getan. Ich habe für meinen Dad gearbeitet. Ich habe in der Ölindustrie gearbeitet. Aber das ist nicht jenes Profil, das man haben müsste, wenn man ein Wahlamt erringen möchte.» Der Schatten seines Vaters war immer sehr lang. Bush junior kam an der Universität Yale mit den wichtigen Leuten zusammen, weil sein Vater die Drähte zog. Er musste nicht nach Vietnam, weil sein Vater behilflich war. Seine Geschäfte liefen schlecht, aber sein Vater kannte die Leute, die dem Sohn helfen konnten und ihn zum Multimillionär machten. Als er dann doch Gouverneur werden wollte, in Texas, brachte sein Vater die Partei auf Trab.

Er hat dem Vater in diversen Wahlkämpfen beigestanden und gemeinsam mit ihm gekämpft, manchmal aber, ganz privat, auch gegen ihn. Als Bush junior in den achtziger Jahren einmal betrunken nach Hause kam, forderte er Bush senior zum Faustkampf auf: *Mano a Mano*. Aber eigentlich wollte er wie der Senior sein: ein stramm konservativer Republikaner, den die Welt respektieren sollte. Er war für die Todesstrafe, gegen Abtreibungen, für den Abbau des Haushaltsdefizits und vor allem für niedrige Steuern.

Bush junior liest nur gelegentlich, und die komplizierten philosophischen Traktate, die von Neokonservativen geschätzt werden, gehören eher nicht zu seiner Lektüre. «Quincy» hat ihn sein Vater immer genannt – nach John Quincy Adams, der Anfang des 19. Jahrhunderts seinem Vater John Adams mit einigem Abstand im Präsidentenamt gefolgt war. Nach der Wahl Ende 2000 ließ sich Bush auf seiner Ranch mit einem Buch über John Quincy Adams fotografieren. Wenn sein Vater immer Quincy zu ihm sage, kommentierte er, «sollte ich vielleicht doch herausfinden, was es mit diesem Typ auf sich hat».

Am Beginn seiner Präsidentschaft war der junge Bush kein Unilateralist. Bush senior hatte einst viel Wert auf Bündnisse und Partnerschaft gelegt, und so wollte es eigentlich auch der Sohn halten. Vor den Anschlägen des 11. September bestand das Ziel von Bush junior vor allem in Steuersenkungen für die Reichen, die ihn im Wahlkampf großzügig unterstützt hatten.

Nach dem 11. September war alles anders. Bush machte die imperialistischen Planspiele der neokonservativen Think Tanks zu seiner Politik. Der in außenpolitischen Angelegenheiten unerfahrene Präsident setzte fortan auf die Strategie des präventiven Kriegs und war von erschreckender Selbstgerechtigkeit. Der Kriegstreiber im Weißen Haus sei «nicht ganz klar im Kopf» erklärte der südafrikanische Friedensnobelpreisträger Nelson Mandela. Der US-Präsident wolle die Welt in einen «Holocaust» stürzen.

Bush, dessen Selbstgefühl früher unterentwickelt war, glaubt offenkundig an seine Mission und fühlt sich nicht nur gewählt, sondern auch erwählt. «Sie wissen ja, dass ich ein Alkoholproblem hatte», erklärte er fünf Religionsführern, die ihn im Oktober 2001 besuchten. «Es gibt nur einen einzigen Grund, weshalb ich hier im Oval Office bin und nicht in einer Bar. Ich habe zum Glauben gefunden – ich habe Gott gefunden.»

Die Erweckungserlebnisse des US-Präsidenten muss man wohl ernst nehmen. Ausländischen Politikern hat Bush gelegentlich erzählt, Gott habe ihm versprochen, er werde Präsident, wenn er das Trinken aufgebe. «Er fühlt, dass Gott zu ihm spricht», erklärte der texanische Prediger Tony Evans. Bushs Glaube, dass Amerika eine Macht des Guten ist, die mit dem Bösen in der Welt aufräumt, ist von den ultrakonservativen Think Tanks in den vergangenen Jahren in vielen Variationen verkündet worden – fast wie eine religiöse Überzeugung. Der Einfluss dieser mächtigen *pressure groups* auf den 43. Präsidenten kann gar nicht überschätzt werden. Kalte Krieger, Bellizisten und streng konservative Idealisten übten in den vergangenen Jahren großen Einfluss auf die Politik der Supermacht aus. Deshalb wird in den folgenden Kapiteln ein Blick hinter die Kulissen dieser Denkfabriken geworfen, ohne die es vermutlich keine Bush-Doktrin gegeben hätte.

PNAC – Die Macht der neuen Think Tanks

Sie hatten in ihrem Leben schon viel erreicht, einige waren berühmt, andere sehr reich geworden, als im Sommer 1997 fünfundzwanzig Männer und Frauen in Washington ein neues Projekt gründeten. Acht Jahre nach dem Zusammenbruch des Kommunismus wollten sie endlich Ernst machen mit einer neuen Weltordnung. Die USA waren die einzige Weltmacht – und sollten ohne Wenn und Aber auch das Sagen haben. Unverblümt trat die neue Gruppe für die Entmachtung der Vereinten Nationen ein und forderte einen radikalen Politikwechsel. Es lag nun allein an Amerika, den Kampf gegen das Böse weiter und zu Ende zu führen und eine bessere Welt zu erschaffen. In der Wahl der Mittel und der Strategie auf dem Weg dorthin durfte man nicht kleinmütig sein; Hegemonie und Prävention lauteten die Schlüsselbegriffe. Und auch das Böse hatte für sie einen Namen: Saddam Hussein, der irakische Diktator, der seine Niederlage im Golfkrieg nach der versuchten Annexion Kuwaits nun schon sechs Jahre überlebt hatte. Die Gruppe formulierte Ziele, die nicht auf der offiziellen Agenda standen: Regierungen, die «unseren Interessen und Werten gegenüber feindlich eingestellt sind», sollten attackiert oder beseitigt werden. «Wir müssen eine Weltordnung erhalten und ausbauen, die unserer Sicherheit, unserem Wachstum und unseren Prinzipien dient.» Es ging ihr um nichts weniger als «American World Leadership».

Große Visionen verlangen nach großen Begriffen, und deshalb

nannten die Gründer ihren neuen Verein etwas hochtrabend «Project for the New American Century» (PNAC). Allerdings wurde die PNAC-Riege im politischen Washington jener Tage nicht sonderlich ernst genommen. Es war die Hochzeit der Ära Clinton. Gerade ein halbes Jahr zuvor hatte der Präsident seine zweite Amtsperiode beginnen können. Politisch gesehen waren die PNAC-Leute von gestern: kalte Krieger, die zu Zeiten des Sternenkriegers Ronald Reagan ihre besten Jahre gehabt hatten. Immerhin, unter den Berühmtheiten des Kreises befand sich Dick Cheney, dessen Karriere schon im Weißen Haus unter Präsident Gerald Ford in Schwung gekommen war, der als Abgeordneter ein Hardliner und als Verteidigungsminister ein Haudegen gewesen war. Sein Freund Donald Rumsfeld, ebenfalls dabei, war Verteidigungsminister sowie NATO-Botschafter gewesen und hatte einst in einem «Komitee für die Freie Welt» den Sowjets nachgestellt.

Sehr lange her. Jetzt war Cheney Chef eines Konzerns, und Rumsfeld hatte sich eine Farm gekauft. Das offizielle Washington hatte sie längst nicht mehr auf der Rechnung gehabt. Nun wollten sie wieder von sich hören lassen. Ebenso wie ein weiterer PNAC-Gründer: Paul Wolfowitz, einer der Vordenker der Konservativen. Jahrelang hatte er in den Ressorts Äußeres und Verteidigung gearbeitet, gegen die Russen gekämpft, den Krieg der Sterne verteidigt. 1992, als er Staatssekretär im Pentagon war und Dick Cheney sein Minister, hatten seine Leute in einer Planungsvorgabe («Defense Planning Guidance») die Vormachtstellung der USA gegenüber Europa, Russland und China propagiert und mit Präventivangriffen gedroht, wenn die Interessen der USA gefährdet seien. Das Papier hatte damals Aufsehen erregt und Wolfowitz viel Ärger eingebracht. Mit dem Wechsel von Bush senior zu Clinton war er wenig später aus der Regierung ausgeschieden und hatte eine Professur übernommen.

Weitere Gründer des PNAC waren Wolfowitz' langjährige Gefährten Richard Perle und Frank Gaffney. Gaffney zehrte noch immer von der Erinnerung, dass die jetzt im PNAC versammelten Hardliner in der Reagan-Zeit die Sowjetunion in den Ruin gerüstet hatten, und er war folgerichtig Leiter eines «Center for Security Policy» (CSP) geworden, das nach wie vor gegen jegliche Art von Rüstungskontrolle auftrat, die Landminen-Konvention eingeschlossen. Selbstverständlich lehnte er auch Abkommen ab, die Amerikas Handlungen in internationale Zusammenhänge einbinden könnten, zum Beispiel jenes über einen Internationalen Strafgerichtshof. Das Motto des CSP lautete: «Weltfriede durch Amerikas Stärke». Daneben engagierten sich aber auch zwei angesehene Publizisten für das PNAC-Projekt: Robert Kagan und Francis Fukuyama.

Die Neuen vom PNAC waren also eigentlich mehrheitlich Veteranen der konservativen Bewegung. Ihr «Project for the New American Century» deklarierten sie als «educational organization», als Vereinigung für öffentliche Bildung. Mit Positionspapieren, eigener Forschung, Meinungsartikeln, Konferenzen und Seminaren wollte die Gruppe sowohl Regierung und Parlament als auch die öffentliche Meinung beeinflussen.

Die Gruppe hatte ihr Leitmotiv fest im Blick. Am 26. Januar 1998 rief sie in einem Brief an «The Honorable Mr. William J. Clinton» zum Sturz des Diktators Saddam Hussein auf: «Sehr geehrter Herr Präsident, wir schreiben Ihnen, weil wir glauben, dass die amerikanische Irakpolitik scheitert, und weil wir uns im Nahen Osten bald einer Gefahr gegenübersehen könnten, die ernster ist als jede andere seit dem Ende des Kalten Krieges.» Saddam Hussein müsse daran gehindert werden, Massenvernichtungswaffen herzustellen und einzusetzen. Und dies sei angesichts der Entwicklung kaum noch erfolgreich zu überwachen. Deshalb bedürfe es nun «entschlossenen Handelns» und einer neuen Strategie: «Langfristig heißt das, Saddam Hussein und sein Regime von der Macht zu entfernen.» Auf keinen Fall dürfe sich die amerikanische Politik länger «durch das fehlgeleitete Beharren des UN-Sicherheitsrates auf Einstimmigkeit lähmen lassen».

Im September 2000, wenige Monate bevor George W. Bush Präsident wurde, veröffentlichte das PNAC das 90-seitige Strategiepapier «Rebuilding America's Defenses: Strategy, Forces and Resources for a New Century». Darin wird gefordert, die USA müssten künftig in der Lage sein, mehrere große Kriege gleichzeitig zu führen und zu gewinnen – wie den Krieg gegen den Irak. Das bedinge einen wesentlich höheren Rüstungsetat, einschließlich neuer Atomwaffen. Es gelte, für alle möglichen atomaren Bedrohungen gerüstet zu sein – über das amerikanisch-russische «Gleichgewicht» hinaus. Im Nahen Osten brauche es eine neue militärische Basis. «Die Präsenz einer substanziellen amerikanischen Streitmacht am Golf ist aber ganz unabhängig von der Frage des Saddam-Hussein-Regimes nötig.» Im Ausland stationierte US-Streitkräfte seien die «Kavallerie im neuen amerikanischen Grenzland».

Sprüche, Horrorszenarien, politisches Getöse? Mag man die politischen Ziehkinder Reagans unter Clinton auch belächelt haben, mit dem Wechsel zu George W. Bush änderte sich das. Zumal dessen Bruder Jeb ebenfalls zu den Gründern zählte. Ein paar Jahre später ist der Erfolg des PNAC triumphal. Viele der Gründungsmitglieder und Unterstützer gehören nun der Regierung des George W. Bush an. Ihre Ideen werden zu Weltpolitik. Dick Cheney ist Vizepräsident, Donald Rumsfeld Verteidigungsminister. Paul Wolfowitz wurde Rumsfelds Stellvertreter. Selbst der dritte Mann im Pentagon, Douglas Feith, kämpft an der Seite des PNAC. Lewis «Scooter» Libby, PNAC-Mann der ersten Stunde, ist Cheneys Stabschef im Weißen Haus. Richard Armitage, Unterstützer des Appells gegen Saddam, ist Vizeaußenminister.

Zalmay Khalilzad, PNAC-Gründer, wird Sonderbotschafter in Afghanistan und ist heute Verbindungsmann der Bush-Regierung im Irak. Richard Perle war bis zum Irakkrieg einflussreicher Berater des Pentagon. John Bolton ist Staatssekretär für Rüstungskontrolle im Außenministerium. Peter W. Rodman ist verantwortlich für «internationale Sicherheitsangelegenheiten». Der Gründer des PNAC, William Kristol, ein ultrakonservativer Journalist, ist ein einflussreicher Mann geworden, die politische Postille, die er redigiert, gehört zur Pflichtlektüre im politischen Washington.

Wie war es möglich, dass eine derart überschaubare Institution wie das PNAC so schnell diesen stupenden Einfluss gewinnen konnte? Um dies zu verstehen, muss man einen intensiveren Blick auf die Strukturen des politischen Beratungswesens in den USA werfen – und die Rolle, die es nach dem Schock des 11. September 2001 spielte. Denn das PNAC ist nichts anderes als eine jener Ideenschmieden und Beratungsinstitute, die in den USA «Think Tanks» genannt werden. Keineswegs handelt es sich, wie in der bundesdeutschen Diskussion mitunter der Anschein erweckt wird, um den Aufstieg einer Gruppe von Verschwörern. Im Gegenteil: Alle Strategiepapiere und Weltmachtvisionen dieses Think Tank wurden veröffentlicht und sind für jedermann zugänglich, auch im Internet (www.newamericancentury.org).

«Think Tank» ist ein Begriff aus der Militärsprache des Zweiten Weltkriegs und bezeichnete einmal einen bunkerartigen Raum, in dessen Schutz die Militärs ihre weitere Strategie planten. Später erhielten militärische Institute diesen Namen, bis im Laufe der sechziger Jahre auch zivile Forschungseinrichtungen so genannt wurden. Böse Zungen behaupten, für die vom PNAC gelte die alte Definition weiter: Sie betrachteten die Welt wie durch den Sehschlitz eines Bunkers.

Noch nie gab es in den USA so viele als gemeinnützig anerkannte private Politikberatungsinstitute wie heute. Es sind inzwischen mehr als tausend, das entspricht einem Drittel aller Think Tanks weltweit. In keinem anderen Land tragen sie zu öffentlichen Debatten so stark bei wie in den USA. «Durch ihre Veröffentlichungen, Interviews mit den Medien, Auftritte vor Parlamentsausschüssen und die Teilnahme an Konferenzen und Seminaren haben sich Think Tanks deutlich bemerkbar gemacht», beschreibt der kanadische Politikwissenschaftler Donald E. Abelson in seinem Buch «Do Think Tanks matter?» ihre Funktion. Außerdem nutzten sie «weniger sichtbare Kanäle», mitunter persönliche Kontakte zu Kongressmitgliedern oder Regierungsmitgliedern, um den politischen Entscheidern ihre Sicht der Dinge darzulegen.

Der Einfluss dieser Institute ist laut Abelson in den USA deshalb besonders groß, weil sie Aufgaben übernehmen, die anderswo, in Europa und Kanada etwa, von Parteien, deren Stiftungen und der Verwaltung erfüllt werden. Die US-Parteien sind vor allem Organisationen zum Sammeln von Spenden und für das Gewinnen von Wahlen, und die Verwaltung hält nur eine begrenzte Zahl von Karrierebeamten und mithin Experten bereit, welche die Regierung in komplizierten Fachfragen beraten könnten.

Konzeptionelle Arbeit, die fundierte Analyse von Problemen sowie das Setzen neuer Themen sind daher zur Sache der Think Tanks geworden. Ihr Einfluss ist jedoch nicht immer leicht zu messen. Manche Think Tanks zählen akribisch mit, wie oft ihre Experten von den Medien zitiert werden oder wie oft sie sich vor Fachausschüssen geäußert haben, um ihre eigene Wichtigkeit zu dokumentieren. «Das aber sagt wenig darüber aus, ob die Meinung der Experten dazu beigetragen hat, die Sicht der politischen Entscheider oder der Öffentlichkeit zu prägen oder deren Meinung zu ändern», schreibt Abelson. Denn ebenso gut könne ihr

Beitrag eine bereits vorhandene Meinung nur bestätigen – oder auch einfach ignoriert werden.

Eine der umfangreichsten Untersuchungen der jüngeren Zeit hat der Berliner Amerika-Experte Martin Gehlen verfasst. In seiner Dissertation «Think Tanks in der amerikanischen Sozialpolitik» untersuchte er für das Max-Weber-Kolleg für Kultur und sozialwissenschaftliche Studien der Universität Erfurt, ob und wie Politikberatungsinstitute jeweils die in den Jahren 1988 und 1996 beschlossenen Welfare-Reformen in den USA beeinflusst haben. Diese beiden Reformdebatten verliefen sehr unterschiedlich: 1988 setzten sich Vorschläge aus seriösen Think Tanks durch, 1996 gewannen Polemiker mit einer vorurteilsbeladenen Kampagne. Gehlen befand, dass der Einfluss der Think Tanks nur bedingt von ihnen selbst und zu einem großen Teil von den Begleitumständen abhängt. Zu diesen zählt etwa der Zeitpunkt, zu dem eine Idee das Interesse einer breiten Öffentlichkeit wecken kann, ebenso die Art der Reaktion politischer Schlüsselfiguren darauf. Nach dem 11. September 2001 haben vor allem diese beiden Faktoren den Siegeszug der Think-Tank-Ideen zum Irak ermöglicht.

Bis dahin war die Reform der Welfare-Gesetze 1996 das prägnanteste Beispiel für die Macht rechter Ideentanks. Im Mittelpunkt der Debatte stand das bundesweite Sozialhilfeprogramm für allein erziehende Mütter mit Kindern unter 18 Jahren. Die Auseinandersetzung darüber wurde von konservativen Think Tanks derart angefacht, dass sich der demokratische Präsident Clinton am Schluss genötigt sah, ein Gesetz zu unterzeichnen, das seiner Politik eigentlich entgegenlief. Die staatlichen Hilfen wurden drastisch gekürzt.

Einige dieser Think Tanks werden im Folgenden noch häufiger vorkommen. Ihre Experten hatten es in diesem Fall vermocht, in zahlreichen Gesprächsforen und in den Medien mit scheinbar

35

wissenschaftlichen Argumenten die Ansicht durchzusetzen, dass die Sozialhilfe kontraproduktiv war. Besonders rührig war der Autor Charles Murray, der in seinem Buch «Losing Ground» Armut als Folge individuellen Fehlverhaltens erklärte, weswegen staatliche Hilfen zu streichen seien. Murray wurde Ende der achtziger und Anfang der neunziger Jahre von der Bradley Foundation bezahlt, einer der größten konservativen Stiftungen in den USA, die mit ihrem Geld Einfluss auf die Politik nehmen will. Murray bekam etwa 100 000 Dollar im Jahr.

Ebenso von Bedeutung war das Wirken der Heritage Foundation. Ihr Politikanalyst Robert Rector hatte 1995 in einer Studie mit dem Titel «America's Failed $ 5,4 Trillion War on Poverty» zu belegen versucht, dass Sozialhilfe die Zahl ungewollter Schwangerschaften erhöhe. 5,4 Billionen Dollar also habe Amerika in 30 Jahren an die Armen gezahlt, rechnete Rector hoch, und das seien 70 Prozent mehr als die Kosten der Siege über Deutschland und Japan im Zweiten Weltkrieg. Durch all das viele Geld sei es attraktiv geworden, allein stehend und arbeitslos zu sein und gleichwohl immer mehr Kinder in die Welt zu setzen. Nicht materielle Armut sei das Problem, erklärte Rector, sondern vielmehr «Armut des Verhaltens»; die Moral der Armen sinke desto tiefer, je mehr der Staat für sie aufkomme.

Rectors anekdotengeschwängerte Missbrauchsrhetorik reüssierte. Geschickt arbeitete er mit republikanischen Kongressabgeordneten zusammen, und die Think Tanks American Enterprise Institute (AEI), Hudson Institute und Cato sprangen ihm ebenfalls bei. Seriöse Institute, die fundierte Forschung zur Sozialhilfe anzubieten hatten, gerieten völlig ins Abseits. Der radikale Klimawechsel in der Sozialpolitik in den neunziger Jahren bescherte ihnen einen «beispiellosen Absturz in die Einflusslosigkeit», schreibt Gehlen in seiner Dissertation. Zu den Opfern gehörte auch Daniel Patrick Moynihan, der demokratische Senator von

New York und ehemaliger Harvard-Professor, einst gefeierter Architekt der Welfare-Reform von 1988 und führender Sozialpolitiker, der seine Kompetenz jahrzehntelang durch Studien zu Armut, Minderheiten und Familien bewiesen hatte. Acht Jahre später, 1996, stand er isoliert am Rande der Debatte, während der Polemiker Robert Rector als neuer Welfare-Guru gefeiert wurde.

Wie sehr sich die Rolle und der Einfluss der – insbesondere rechten – «Denkfabriken» im Verlauf des vergangenen Jahrzehnts verändert hat, belegt eine vor ein paar Jahren erschienene Studie mit dem Titel «Eine Milliarde Dollar für Ideen: Konservative Think Tanks in den 1990ern». Sie kommt zu dem Schluss, dass die fundamentalen Weichenstellungen in der US-Politik mittlerweile weniger von Wahlergebnissen als von dem Aufstieg und Fall bestimmter Ideen abhängen. Die konservativen Think Tanks, unter denen das PNAC zwar inzwischen einen feinen, dennoch aber nur kleinen Platz einnimmt, sind zu einer unheimlichen Macht geworden, und das gilt nicht nur für das Thema Irak.

Neben dem klimatischen Umschwung, der, wie gesehen, schon in der zweiten Hälfte der Ära Clinton einsetzte, hat vor allem ein Ereignis das Blatt endgültig gewendet: Die Terrorangriffe gegen Amerika am 11. September 2001 waren für die USA ein Schock, eine Katastrophe. Den Strategen in den rechten Think Tanks boten sie die Gelegenheit, Weltpolitik mitzugestalten.

Am 14. September 2001, drei Tage nach den Anschlägen, gab das American Enterprise Institute (AEI), einer der größten konservativen Think Tanks, in Washington eine Pressekonferenz. Das Thema war mit «Terrorist Attacks» weit gefasst. Die Referenten präsentierten sich als angebliche Kenner des Irak. Zunächst sprach AEI-Mitarbeiterin Laurie Mylroie. Ihr Befund lautete bündig: «Ein großer Teil des Terrors, den wir seit dem Golfkrieg erlebt haben, war nur eine weitere Phase des Golfkriegs – Saddams Anteil.»

Wie so viele Think-Tank-Prominente hatte Mylroie ein Buch geschrieben, «Study of Revenge: The First World Trade Center Attack and Saddam Hussein's War against America» (Studie einer Rache: Der erste Anschlag auf das World Trade Center und Saddam Husseins Krieg gegen Amerika). Mylroie konzentrierte sich auf Ramzi Yousef, der 1993 den Anschlag in der Tiefgarage der New Yorker Bürotürme mit organisiert hatte und dafür zu lebenslanger Haft verurteilt wurde. Yousef, wusste Mylroie zu berichten, sei ein irakischer Geheimdienstmann, *er* habe den Anschlag gesteuert und nicht, wie viele angenommen hätten, der ägyptische Geistliche Scheich Omar Abdul Rahman. Die Autorin kam zu dem Schluss, dass hinter der Tat nicht das Islamisten-Netzwerk al-Qaida gesteckt habe, sondern Saddam Hussein. Es habe sich um klassischen Staatsterrorismus gehandelt. Die These von der Beteiligung des irakischen Geheimdienstes am Anschlag war haltlos, aber sie gefiel. Zu den begeisterten Lesern dieses Buches gehörten die Falken Paul Wolfowitz und Richard Perle.

Der zweite Redner auf dem Pressetermin war ein AEI-Mitarbeiter namens David Wurmser. Wurmser erklärte: «Saddam Hussein hat offen von einem Massensterben in den USA geträumt (...) Wir müssen also wirklich mit dem Irak beginnen.» Wurmser beriet damals das Außenministerium und wurde später zum Nahostberater von Vizepräsident Cheney.

Das Institut blieb am Ball. Am 29. Oktober 2001 nahm eine weitere Diskussionsrunde des AEI zum «US-Krieg gegen den Terrorismus» einen ähnlichen Verlauf: Es ging ausschließlich um den Irak. Der erzkonservative Newt Gingrich, skandalumwitterter Exsprecher der Republikaner im Repräsentantenhaus und inzwischen in Diensten des AEI, erkannte als Hauptgegner der USA «Diktatoren, die entschlossen sind, ABC-Waffen zu beschaffen». Das seien vor allem die Staatsführer im Irak und in Nordkorea. Und der Historiker Michael Ledeen, Inhaber des «Freiheitslehrstuhls» am AEI, befand auf dieser Pressekonferenz, der Irak sei ohne Zweifel ein terroristischer Staat. Man müsse dem Regime ein Ende machen. Wenig später schrieb er in der rechts gerichteten *National Review Online*, die USA seien «das einzige wirklich revolutionäre Land der Welt» und also dazu berufen, die Tyranneien zu zerstören, ob im Irak oder auch im Iran. «Schöpferische Zerstörung ist unser zweiter Name.» Ein Radikaler an der Geschichtsfront: Präsident Bush forderte er auf, die Ministerien von Clinton-Anhängern zu säubern, von Umweltschützern und von jenen «radical feminazis», die für Gleichberechtigung kämpften. Was wohl heißen soll: Feministinnen sind Nazis.

Kämpferisch war das American Enterprise Institute von Beginn an aufgetreten, selten aber war es so bösartig gewesen. Der Geschäftsmann Lewis H. Brown hatte es 1943 gegründet, um die freie Marktwirtschaft gegen «eine wachsende Welle des Keynesianismus» zu verteidigen. Die American Enterprise Association (AEA), wie sie anfangs hieß, führte lange Zeit eher ein Schattendasein, bis ihr Vizepräsident William Baroody senior 1962 an die Spitze aufrückte. Baroody, ein geschickter Marketingstratege, gab viel Geld dafür aus, die Studien des nun als «Institute» firmierenden Think Tanks zu promoten. Zudem rekrutierte er prominente konservative Intellektuelle wie Milton Friedman und Jeane Kirkpatrick. Auch Lynne Cheney, die Frau des Vizepräsidenten, ist Mitarbeiterin des Instituts.

Amerikas lautester Think Tank, die Heritage Foundation, war ebenfalls auf Kurs. «Zielt auf Iraks terroristisches Regime, nicht nur auf Osama Bin Laden», hieß es am 2. Oktober 2001 in einem jener «Executive Memorandums», die von dem Think Tank tausendfach unter Angehörigen von Regierung, Parlament und Medien verbreitet werden. Die Heritage Foundation gilt als Prototyp der besonders aggressiven und einflussreichen Advocacy Think Tanks, zu denen auch das PNAC gehört. Gegründet wurde sie

1973 von den rechten Aktivisten Paul Weyrich und Edwin Feulner, denen das American Enterprise Institute noch zu betulich und akademisch war. Pate stand der schwerreiche Bierbrauer Joseph Coors aus Colorado, der die Stiftung zunächst finanzierte und der bereits vorher zu den Förderern Ronald Reagans gehört hatte. Coors war so konservativ, dass sein Bruder Bill einmal über ihn sagte: «Er steht noch etwas weiter rechts als Attila der Hunne.» In den Anfangsjahren hatten sich die Heritage-Mitarbeiter vor Arbeitsbeginn zum gemeinsamen Morgengebet einzufinden.

Heritage mischte schon bald in der großen Politik mit. Nach dem Wahlsieg Reagans 1979 ließ Heritage-Präsident Feulner den Konservativen eine umfassende Anleitung zukommen, wie sie ihre Amtsgeschäfte zu führen hätten. Dreihundert Experten hatten im Auftrag Feulners ein 1100-Seiten-Dokument mit dem Namen «Mandate for Leadership: Policy Management in a Conservative Administration» erarbeitet. Es ächtete so ziemlich alles, was als fortschrittlich-liberal gelten konnte, und forderte ein aggressives Vorgehen gegen den Kommunismus weltweit. Das Credo in Kurzform: weniger Steuern und staatliche Regulierung, weniger Geld für Minderheiten, mehr Geld für Rüstung. Beobachter nannten das Heritage-Dokument die «Bibel der Reagan-Revolution». Mitte der achtziger Jahre brüstete sich Heritage, Reagan habe «65 Prozent» der Vorgaben umgesetzt.

Damit war die Phalanx der Think Tanks, die bereits im Jahr 2001 auf einen Krieg gegen Saddam drängten, beileibe nicht komplett. Neben dem PNAC, dem AEI und der Heritage Foundation machten auch Gaffneys CSP sowie das Jewish Institute for National Security Affairs (Jinsa) Druck, ein Think Tank auf der Linie der israelischen Likud-Partei. Selbst hoch angesehene, eher auf Abwägung bedachte Institute wie die Hoover Institution oder das Center for Strategic and International Studies (CSIS) forderten, als Reaktion auf den Terror gegen Amerika, eine Neubewertung der Irakpolitik.

Der einstige US-Präsident und Friedensnobelpreisträger Jimmy Carter sah sich bemüßigt, eine Warnung auszusprechen: vor der «Gruppe von Konservativen», die «lang gehegte Ambitionen unter dem Deckmantel des Kriegs gegen den Terrorismus» verfolgen wollten. Besorgt nahmen Carter und viele andere Demokraten wahr, dass sich auf der ganz rechten Seite inzwischen ein engmaschiges neokonservatives Netzwerk von Stiftungen, Institutionen, Hochschulzirkeln und Advocacy Think Tanks gebildet hatte, das zwar noch nicht so finanzstark war wie die alteingesessenen, eher liberalen Stiftungen, aber plötzlich mit einer Definitionsmacht versehen, die die Mitte dominierte.

Die Bush-Doktrin und ihre neokonservativen Zuarbeiter

Es wäre ein Irrtum zu glauben, dass George Bush von Anfang an der Liebling der Rechten war. PNAC-Gründer William Kristol hatte in den Primaries den Bush-Rivalen Senator John McCain unterstützt, der außen- und sicherheitspolitisch einen Kurs amerikanischer Stärke propagiert hatte. Von dem texanischen Gouverneur George W. Bush hingegen hatte Kristol eigentlich nicht viel erwartet: einem Mann, der im Wahlkampf nicht zwischen Kosovaren und Griechen zu unterscheiden wusste und in einem leichten Politquiz von vier ausländischen Staatschefs nur einen benennen konnte. Kristol hat Bush einmal einen «jackass» genannt, einen Esel.

Damals schon galt Condoleezza Rice als Bushs wichtigste außenpolitische Beraterin, und sie gehörte nicht zu den Falken. Auf Forderungen, die USA müssten eine neue Weltordnung schaffen, reagierte Rice mit Skepsis. Was den Irak und Nordkorea angehe, schrieb sie während des Wahlkampfes in der Zeitschrift *Foreign Affairs*, so reiche Abschreckung, um diese Staaten in Schach zu halten. «Wenn sie ABC-Waffen beschaffen, können sie diese nicht nutzen, weil dies ihre nationale Vernichtung zur Folge hätte.» In Kristols Augen war Rice bei weitem zu diplomatisch.

Und auch Bush hatte ja noch im Oktober 2000 vor außenpolitischer Arroganz gewarnt: «Wenn wir eine bescheidene, aber starke Nation sind, dann wird die Welt uns willkommen heißen.»

Für Bush verband sich mit dem Begriff «humble» – bescheiden – zunächst seine ganze außenpolitische Konzeption.

Kristol war enttäuscht. Sein PNAC schien ohne großen Einfluss zu bleiben. Männer wie er leben von und für Überzeugungen. Sie hassen Kompromisse. Auf unterschiedlichen Positionen hatte er lange schon versucht, die Republikaner auf Kurs zu bringen; 1988 war er Stabschef beim Vizepräsidenten Dan Quayle geworden. In der Zentrale der Macht hatte er Anfang der 90er Jahre mit Verbitterung erleben müssen, dass Saddam Hussein davonkam, obwohl er schon geschlagen war. Der irakische Diktator blieb für ihn fortan eine ständige Provokation; sein Überleben war eine Lehre: Amerika dürfe sich nie mehr auf faule Kompromisse einlassen. Mitte der neunziger Jahre gründete er das Wochenblatt *The Weekly Standard* und gewann den ultrakonservativen Medientycoon Rupert Murdoch als Finanzier, danach zusammen mit Robert Kagan das PNAC. Auch Kristol ist ultrakonservativ. Homosexualität ist für ihn eine Krankheit, den Kampf gegen die Abtreibung sieht er als «Schlüssel für eine konservative Reformation». Der *Weekly Standard* mühte sich nach Kräften, die außenpolitischen Parolen der Neokonservativen wachzuhalten: keine Rüstungskontrolle, sondern Politik der Stärke, keine Kompromisse, sondern weltpolitische Dominanz, und – «Saddam must go». George W. Bush war bereits Präsident, als Kristol gegen die US-Regierung wetterte, weil Bush sich bei der chinesischen Führung für den Einsatz eines US-Spionageflugzeugs entschuldigt hatte. Kristol und sein Koautor Robert Kagan sahen darin eine «schwere nationale Blamage». Das war sogar dem ebenfalls stramm konservativen Vizepräsidenten Cheney zu viel. Er konterte, er habe schon lange keinen solch «üblen Kommentar» mehr gelesen. Kristol müsse eben «Zeitschriften verkaufen», bemerkte er abfällig, «und wir müssen regieren».

Nach dem 11. September aber änderte sich alles, und plötzlich kam das PNAC ins Geschäft. Das Weiße Haus brauchte jetzt eine Idee, eine Antwort auf die tiefe Demütigung, die das Land durch den Terrorangriff erlitten hatte. Die Neokonservativen in der Regierung und in den Think Tanks hatten ein Konzept. «Think Tanks müssen ihre Vorratskammer gefüllt halten, um zu gegebener Zeit Ergebnisse beisteuern zu können», schreibt Martin Gehlen. Die Hardliner hatten, im Gegensatz zu anderen, einen Vorrat aufgebaut. «Ihr Timing war ausgezeichnet», sagte John McCain später, «in normalen Zeiten erregt ihr Thema, die nationale Sicherheit, nicht viel Aufmerksamkeit, aber sie hatten das Glück, dass sich die Leute jetzt dafür interessieren.» Im PNAC hatte man immer gewusst, dass die eigenen, extremen Ideen nur eine Chance haben würden, wenn es «ein neues Pearl Harbor» geben würde. Der 11. September war das neue Pearl Harbor.

Plötzlich waren die PNAC-Leute gefragt. Zum Beispiel der erzkonservative David Frum, der für Kristols *Weekly Standard* geschrieben und am AEI gearbeitet hatte und der Anfang 2001 ins Weiße Haus wechselte. Ein Jahr später gab ihm Bushs oberster Redenschreiber Mike Gerson den Auftrag, Argumente für einen Krieg gegen den Irak zu finden. Frum wälzte Geschichtsbücher und stieß auf die Achsenmächte des Zweiten Weltkriegs, Berlin–Rom–Tokio. Gab es da nicht eine ähnliche Achse zwischen Terrororganisationen und Staaten wie dem Irak, dem Iran und Nordkorea, die angeblich nach ABC-Waffen strebten? «Gemeinsam bilden Terrorstaaten und Terrorgruppen eine Achse des Hasses gegen die USA», befand Frum. Der Absatz wurde in die Rede aufgenommen, die George W. Bush Ende Januar 2002 zur Lage der Nation halten würde, mit einer kleinen Änderung: Aus der «Achse des Hasses» machte Gerson die «Achse des Bösen», um dem theologischen Duktus näher zu sein, den Bush sich seit dem 11. September zu Eigen gemacht hatte und zu dem auch Begriffe wie «Kreuzzug» gehörten. Gleichzeitig entstand so eine Anspielung auf Ronald Reagans berühmte Bezeichnung für die Sowjetunion im Kalten Krieg, das «Reich des Bösen».

Im Weißen Haus machten Zöglinge Kristols nun Karriere. Selbst Bush-Kritiker wie der Kristol-Mann Joseph Shattan, dem zunächst ein Posten in einer Bundesbehörde verwehrt worden war, weil er in einem Artikel die «groben Fehler» des US-Präsidenten in Nahost gegeißelt hatte. Im Frühjahr 2002 forderte das Weiße Haus Shattan als Redenschreiber an. Die *Washington Post* sah das als Beleg dafür, dass die Bush-Gehilfen sich mit neokonservativen Ideen angefreundet hatten.

Die Auflage des *Weekly Standard* ist zwar bis heute kaum über die ursprünglichen 60 000 Exemplare gewachsen, aber im Weißen Haus und im politischen Washington wird das Blatt mittlerweile sehr genau gelesen. «Wer wissen will, wie die Regierung denkt und was sie plant, der muss diese Zeitschrift lesen», sagt der Medienkritiker Eric Alterman. Die *New York Times* befand Anfang 2003, der Regierungswechsel und der 11. September hätten das Neokonservativen-Blatt zu einer der einflussreichsten Publikationen in Washington gemacht: «Wenn diese Wochenzeitung ihre Stimme erhebt, dann hört das Weiße Haus zu.»

In der Administration von George W. Bush erlangten Protagonisten aus neokonservativen Kreisen eine Machtposition, die auch ihr tatsächliches Gewicht etwa in der Republikanischen Partei weit übertraf. So ließ die Regierung mit Beginn des Jahres 2002 ihre Optionen im Irak von einer Arbeitsgruppe prüfen, in der fast nur Falken saßen. An den Sitzungen nahmen jeweils die zweit- und dritthöchsten Spitzen der beteiligten Ministerien teil. Das Pentagon schickte Paul Wolfowitz und Douglas Feith, die Nummer drei des Hauses, das Außenministerium Vizeminister Richard Armitage und einen Staatssekretär, der Nationale Sicherheitsrat entsandte Rice' Stellvertreter Stephen Hadley, der Cheney nahe stand, und den Irak-Kenner Zalmay Khalilzad; ferner waren ein Vertreter der CIA und der militärischen Führung dabei. In diesen Sitzungen, in deren Ergebnis aus mehreren Optionen schließlich der Militärschlag gewählt wurde, saßen mit Wolfowitz, Feith, Armitage und Khalilzad gleich vier Unterstützer des PNAC oder des verwandten Center of Security Policy (CSP) am Tisch, ferner der sympathisierende Hadley.

Der CSP-Vorsitzende Frank Gaffney hielt triumphierend fest, dass die Bush-Regierung eine «außergewöhnliche Zahl» von CSP-Anhängern zur Mitarbeit in ihren Reihen berufen habe. Deswegen, erklärte er freimütig, müsse er sich nicht mehr so stark auf die Überzeugungsarbeit in Regierungskreisen konzentrieren und könne seine Ressourcen darauf verwenden, «das amerikanische Volk und die Freunde der Freiheit in aller Welt zu erziehen». Bush selbst sagte in einer Rede beim AEI: «Eure Arbeit ist so gut, dass sich meine Regierung zwanzig Köpfe ausgeliehen hat.»

Im Juni 2002 machte Bush in einer Rede vor Militärs in West Point erstmals deutlich, dass die US-Sicherheitsstrategie künftig nicht mehr allein auf Abschreckung setzen werde, sondern auch auf Prävention. «Wenn wir warten, bis Gefahren sich vollends materialisieren, dann haben wir zu lange gewartet», erklärte er. Notfalls müssten die USA «die Schlacht zum Feind bringen (...) und die größten Gefahren bekämpfen, bevor sie auftauchen». Nach Ansicht der Falken im Bush-Lager war das Abschreckungs- und Eindämmungskonzept veraltet. Sie propagierten eine Art präventives Selbstverteidigungsrecht gegen potenzielle Gegner: Die so genannte Bush-Doktrin war geboren.

Festgeschrieben wurde sie dann in einem 33-Seiten-Dokument mit dem Titel «A National Security Strategy of the United States of America», das am 17. September 2002 veröffentlicht wurde. Ein Jahr nach den Terroranschlägen wurde darin Amerikas Rolle in der Welt neu definiert. Der Präventivschlag gegen Schurkenstaaten und Terroristen, die sich Massenvernichtungswaffen beschaffen, ist dort ebenso kodifiziert wie der Grundsatz, dass Amerika notfalls alleine handeln wird, wenn es sich bedroht fühlt. Der neue «amerikanische Internationalismus» sei Ausdruck «der Verbindung unserer Werte und unserer nationalen Interessen. Ziel dieser Strategie ist es, die Welt nicht nur sicherer, sondern auch besser zu machen».

Katalysator für diese Entwicklung war das PNAC. «Wie bei jeder Doktrin und bei jeder Regierungsagenda sind immer schon im Vorfeld Teile vorhanden», sagte William Kristol später. «Ich denke, wir beim *Weekly Standard* und beim PNAC» und viele andere Leute, darunter Wolfowitz im Jahr 1992, «hatten bereits Brocken und Teile dessen formuliert, was später die Bush-Doktrin werden würde: der Fokus auf Regimewechsel, Demokratieförderung, die Möglichkeit präventiver Angriffe, die Gefahr durch Massenvernichtungswaffen in dieser Welt nach Ende des Kalten Krieges.»

Das ist eher bescheiden formuliert; Kristol und die anderen Neokonservativen haben den Wettstreit der Denkschulen innerhalb der Rechten gewonnen.

Die neokonservative Denkschule entstand in den sechziger und siebziger Jahren. Sie geht auf Linke und ehemalige Liberale zurück, die sich von der Demokratischen Partei abwandten, weil sie in ihren Augen zu sehr nach links abdriftete. Besonders umstritten waren Themen wie die Förderung von Minderheiten *(affirmative action)*, das Vorgehen gegen steigende Kriminalität im Inland und, vor allem, die Haltung zum Vietnamkrieg. Die Abtrünnigen warfen den Führern der Demokratischen Partei Antiamerikanismus vor. «Die Linken fingen an, Amerika mit Nazi-Deutschland zu vergleichen. Sie sahen Gewalt als legitime Antwort, um sich gegen die Übel des Establishments zu wehren», sagt Norman Podhoretz, einer der Wortführer der politischen

Konvertiten. Diese Entwicklung verabscheute er genauso wie die damalige Gegenkultur, die sich über «Sex, Drugs and Rock 'n' Roll» definiert habe.

Als geistiger Vater der Neokonservativen gilt neben Podhoretz der Intellektuelle Irving Kristol, Vater des PNAC-Gründers William Kristol. Kristol senior sah sich zu Studienzeiten noch als Trotzkist, ohne allerdings die Geschichte der IV. Internationale wirklich zu kennen. Nachdem er die Demokraten verlassen hatte, gründete er konservative Zeitschriften wie *The Public Interest* oder *The National Interest* und wurde Mitarbeiter beim American Enterprise Institute. Den typischen Neokonservativen beschrieb er einmal als «Liberalen, der von der Wirklichkeit überfallen wurde».

Norman Podhoretz brach in den frühen siebziger Jahren mit den Liberalen. Sein Thema war die Rolle der US-Gesellschaft in der Welt. «Ist sie gut, ist sie schlecht, dient sie der Welt zum Guten oder zum Schlechten? Und ich war der Meinung, sie dient der Welt zum Guten», sagte er einmal. Seine Plattform wurde das erzkonservative *Commentary Magazine*, eine Publikation des American Jewish Committee, die für einen Regimewechsel in Staaten eintritt, die als USA- oder Israel-feindlich gelten. Podhoretz war Mitgründer von Zirkeln wie dem Committee on the Present Danger Ende der siebziger Jahre und dem Committee for the Free World Anfang der achtziger Jahre, zwei Gruppen, die für eine harte Konfrontation mit der Sowjetunion warben. Im *Commentary* forderte Podhoretz einmal nichts weniger als den «Vierten Weltkrieg – einen Krieg gegen den militanten Islam».

Die Neokonservativen scharten sich zunächst hinter demokratische Politiker wie Henry «Scoop» Jackson, den US-Senator, der sich 1972 und 1976 vergeblich um die Präsidentschaftskandidatur für seine Partei bemüht hatte. In den siebziger Jahren gehörte Jackson zu den letzten Demokraten, die noch den Vietnamkrieg verteidigten. Er war ein überzeugter Vertreter der Interessen Israels und fanatischer Gegner der Sowjetunion.

Zu seinen Jüngern gehörten Richard Perle, Douglas Feith und Elliott Abrams, im Nationalen Sicherheitsrat von Präsident Bush für den Nahen Osten zuständig. Der Think Tank Jewish Institute for National Security Affairs (Jinsa) hat einen Preis für Verdienste um die nationale Sicherheit nach Scoop Jackson benannt, der jedes Jahr an einen Politiker vergeben wird; im Herbst 2002 bekam ihn Paul Wolfowitz.

Die Grundüberzeugung der Neokonservativen lautet, dass Amerika mächtig sein muss und dass es weltweit das Gute fördern und das Böse bekämpfen soll – so wie die Präsidenten Franklin D. Roosevelt im Zweiten Weltkrieg und Harry S. Truman zu Beginn des Kalten Krieges. In den achtziger Jahren hatten die Neokonservativen wieder ein Vorbild und einen Anführer gehabt: Ronald Reagan, einst selber Demokrat, der die Sowjetunion zum Reich des Bösen erklärte und eine harte Politik der Stärke verfolgte. Unvergessen jene Mikrophonprobe, in der er die Bombardierung der Sowjetunion «in fünf Minuten» ankündigte. Das gefiel seinen neokonservativen Anhängern.

Das Präfix «Neo» der Neokonservativen erklärt sich schlicht aus dem Wechsel ihrer ersten Protagonisten von links nach rechts. Das Etikett «neokonservativ» wird inzwischen häufig recht undifferenziert verwendet. Kristol, Wolfowitz, Perle zum Beispiel sind eindeutig Neokonservative. Donald Rumsfeld und Dick Cheney hingegen waren immer schon konservative Republikaner, die sich mit einigen Ideen der Neocons angefreundet haben. Mit dem Ende der Ära Reagan und dem Untergang des Kommunismus war die Mission der Neokonservativen beileibe nicht erfüllt. Gut und Böse – der ewige Widerspruch, er war ihnen geblieben. Entsprechend lehnten sie den Pragmatismus der Bush-senior-Regierung ab; für den kompromissbereiten Multilateralismus von Bill Clinton und dessen Vize Al Gore hatten sie nur Verachtung übrig.

Im Jahr 1996 veröffentlichten William Kristol und Robert Kagan in der Zeitschrift *Foreign Affairs* einen viel beachteten Aufsatz mit dem Titel: «Für eine neoreaganistische Außenpolitik». Kristol und Kagan, der ebenfalls für die Reagan-Regierung gearbeitet hatte, breiteten darin jene Kernsätze aus, die ein Jahr darauf in dem Gründungsappell des PNAC und später dann auch in der Bush-Doktrin von 2002 wieder auftauchten: Amerika müsse wieder eine Vision der Hegemonie verfolgen, wie Reagan sie angesichts der sowjetischen Bedrohung gehabt habe. Die größte Gefahr für Amerika sei die eigene Schwäche. Die Ausgaben für das Militär müssten drastisch steigen. Dieser Aufsatz gilt als eines der ideologischen Fundamente der Bush-Doktrin, und Bausteine von Kristols und Kagans Argumentation finden sich immer wieder in den späteren Äußerungen des US-Präsidenten. So erklärte Bush in seiner West-Point-Rede vom Juni 2002: «Wir befinden uns in einem Konflikt zwischen Gut und Böse, und Amerika wird das Böse bei seinem Namen nennen.»

Gegen den Irak bildete sich damals in Washington eine spontane Koalition aus Think Tanks und Regierungsmitgliedern, ein Phänomen, das «Issue network» (Themen-Netzwerk) genannt wird: Zur Vermarktung eines bestimmten Anliegens tun sich Protagonisten aus verschiedenen Institutionen zusammen und geben sich eine gemeinsame Agenda. Bei den Neokonservativen teilen sich alle praktischerweise dieselbe PR-Agentur, um ihre Termine für Interviews in Fernsehen, Radio und Presse zu koordinieren: Benador Associates in New York. Auf deren «Experten»-Liste stehen unter anderem: der frühere CIA-Direktor James Woolsey, Richard Perle, Michael Ledeen, Frank Gaffney und Laurie Mylroie. Fast alle sind mit dem AEI verbunden. «Alle unsere Experten», wirbt Benador, «sind in Fragen des Nahen Ostens

und der nationalen Sicherheit national und international aner-
kannt.» Auf der Website ist eine Auswahl von Artikeln dieser Experten abrufbar: Inhaltlich gibt es wenig Unterschiede, vieles
grenzt an Kriegstreiberei.

Es ist eine überschaubare, aber verschworene Gemeinschaft,
die sich gegenseitig rühmt: So stammt die neueste Rumsfeld-Bio-
graphie, die den Minister weidlich rühmt und harsch mit seinen
Gegnern abrechnet, von Midge Decter, der PNAC-Unterstützerin
und Ehefrau des neokonservativen Gründervaters Norman Podhoretz. Decter und Rumsfeld waren schon im Committee for the
Free World gemeinsam gegen Kommunisten zu Felde gezogen.
Und Kristols Buch «The War over Iraq», das Argumente für den
Feldzug liefern sollte, wurde öffentlich von McCain und Woolsey
gepriesen.

Um ihre Präsenz zu steigern, gründen die Akteure ständig
neue Initiativen. So entstand im Jahr 2002 ein «Committee for
the Liberation of Iraq» (CLI), gegründet von Bruce Jackson, der
zum PNAC gehörte und früher Vizepräsident des Rüstungskon-
zerns Lockheed Martin gewesen war. Jackson behauptete, Bekannte in der Bush-Regierung hätten ihn gebeten, den Erfolg seines «Committee for Nato» zu wiederholen, mit dem er für die
Nato-Osterweiterung geworben hatte. Als Unterstützer des CLI
traten die üblichen Claqueure Woolsey und Perle auf sowie Kristol und sein Gefährte Robert Kagan. Kagan, der auch dem seriösen Think Tank Carnegie Endowment for International Peace angehört, veröffentlichte 2003 das viel beachtete Buch «Paradise
and Power» (deutsch: «Macht und Ohnmacht»), das sich mit
dem Verhältnis der USA zu Europa beschäftigt. Den Streit über
den Irakkrieg kommentierte er mit dem Satz: «Wir müssen auf-
hören, uns vorzumachen, dass Europäer und Amerikaner die
gleiche Sicht der Welt teilen, oder dass sie überhaupt in einer
Welt leben.»

Die spontanen Bündnisse in den Issue Networks sind Teil des Erfolgsrezepts der rechten Think Tanks. Aber sie tragen auch dazu bei, dass PNAC, CSP, Heritage Foundation und im Fall der Irakdebatte auch das traditionsreichere AEI von Lobbygruppen kaum noch zu unterscheiden sind. Sie suchen in öffentlich zugänglichen Quellen nach Belegen, mit denen sie ihre Meinung stützen können. Die Think Tanks übernahmen von der Regierung alle angeblichen Belastungsmomente gegen den Irak und verbreiteten sie weiter, wodurch sie diese zweifelhaften Informationen auch noch mit den höheren Weihen wissenschaftlicher Seriosität versahen. Der Begriff Terrorismus wurde als Etikett für alles Böse in der Welt instrumentalisiert, wie seinerzeit das Wort Kommunismus. «Themenmanagement» nennt das Stuart Butler, Vizepräsident der Heritage Foundation, und der Erfolg dieses Managements war frappierend: Im Oktober 2002, kurz bevor der US-Kongress Bush erlaubte, militärisch gegen Bagdad vorzugehen, waren nach einer Umfrage des Pew Research Center zwei Drittel der befragten Erwachsenen der Meinung, dass Saddam Hussein den Terroristen vom 11. September geholfen hatte.

Dabei machte früher einmal Unabhängigkeit der Forschung das Selbstverständnis der Think Tanks aus. Die ersten Stiftungen und Institute dieser Art entstanden Anfang des 20. Jahrhunderts, sie wurden in der Überzeugung gegründet, dass die wissenschaftliche Analyse gesellschaftlicher Probleme durch Experten zu sozialem Fortschritt führen konnte. Der Historiker James Smith beschrieb diese Entwicklung als einen der prägnantesten Versuche, «Wissen mit Macht zu verknüpfen».

Während Think Tanks zunächst nur über das Ausmaß von Missständen berichten sollten, wurde in den sechziger Jahren dann auch erwartet, dass die Think Tanks Ursachen der Probleme ausmachen und der Politik entsprechende Lösungsvorschläge vorlegen sollten. Der ideale Think-Tank-Mitarbeiter war nach dieser

Vorstellung der «non-partisan expert», also der neutrale Sachverständige.

In den siebziger Jahren aber wuchs vor allem bei den Konservativen das Misstrauen gegenüber diesen Experten. Statt sich auf Technokraten zu verlassen, wollten die Rechten Politik wieder als Auseinandersetzung über grundsätzliche Weichenstellungen verstehen. Politische Entscheidungen sollten von Ideen und Werten bestimmt werden und nicht von sozialwissenschaftlichen Studien. Ihre Think Tanks reagierten entsprechend. «Die Konservativen haben die Think-Tank-Idee ausgeweitet, indem sie offen davon ausgehen, dass diese Institute nicht neue Konzepte ausarbeiten, sondern eine Wahrheit fördern, die sie schon kennen», befand der Politikforscher David Ricci.

Die Branche verliert seitdem allerdings stetig an Glaubwürdigkeit. Die Wissenschaft wird nach Ansicht der Pessimisten, so schreibt Gehlen, «immer mehr dazu missbraucht, politische Standpunkte zu untermauern und zu fördern». Langfristig wird dieser Trend als Bedrohung für die älteren Institute und als Selbstentwertung der Branche gesehen. Lärmende Ideologen der Think Tanks wie die vom PNAC verursachen nach Ansicht von Kritikern eine Verwilderung und Verflachung der öffentlichen Debatte. Sie schüren das Misstrauen gegen Experten, so Gehlen, «weil man allen Äußerungen inzwischen ideologisch-politische Motive unterstellt».

Unter linken und liberalen Sozialwissenschaftlern wächst das Unbehagen allerdings weniger aus Sorge um die Think-Tank-Branche, sondern vor allem deshalb, weil sie wahrnehmen müssen, dass die konservativen Ideenschmieden die politische Agenda des Landes zunehmend allein bestimmen. «Das konservative Politik-Establishment ist vielleicht der entscheidende Erzeuger und Lieferant öffentlicher Ideen», heißt es in einer Untersuchung von David Callahan für den liberalen Washingtoner

Think Tank National Committee for Responsive Philanthropy. Dass die konservativen Ideen öffentlich Anerkennung fanden und politisch einflussreich wurden, liegt dieser Studie zufolge nicht nur am Geschick, sondern zu großen Teilen an den Ressourcen der rechten Ideenschmieden.

Danach haben allein die zwanzig führenden konservativen Think Tanks in den neunziger Jahren etwa eine Milliarde Dollar für Entwicklung und Vermarktung ihrer Konzepte ausgegeben. Die großzügigen Spenden von Privatpersonen, Wirtschaftsunternehmen und Stiftungen hätten dazu geführt, dass diese zwanzig Institute allein 1996 mehr als 158 Millionen Dollar ausgeben konnten, 20 Millionen Dollar mehr, als der Republikanischen Partei im selben Jahr an *soft money* zur Verfügung stand.

Neben den klassischen Instituten etablierten sich in den neunziger Jahren eine ganze Reihe von kleineren neuen Think Tanks, die sich auf bestimmte Themen spezialisierten, darunter das PNAC. Mit diesen Einrichtungen, befanden die Think-Tank-Experten Jean Stefancic und Richard Delgado, sei es den Konservativen gelungen, die wissenschaftliche Forschung – soweit sie eine solche überhaupt noch betreiben – in ihre Richtung zu lenken. Sie hätten sich damit von der Expertise der Universitäten, deren Personal größtenteils liberal eingestellt sei, unabhängig gemacht und könnten sich gezielt auf die politisch opportunen Themen konzentrieren.

Die Verwandtschaft von Projekten wie dem PNAC, dem CSP, dem AEI und der Heritage Foundation zeigt sich auch daran, dass sie von denselben Geldgebern unterstützt werden. So hat das Center for Security Policy zwischen 1988 und 2002 insgesamt 3,9 Millionen Dollar an Zuwendungen von vier großen Stiftungen erhalten: Sarah Scaife Foundation, The Carthage Foundation, The Lynde and Harry Bradley Foundation sowie John M. Olin Foundation. Das PNAC erhielt von den Stiftungen Olin, Bradley und Scaife zwischen 1997 und 2001 einen Betrag von 610 000 Dollar, das Geld floss dabei über Kristols «New Citizenship Project». Diese Stiftungen unterstützen auch regelmäßig das American Enterprise Institute und die Heritage Foundation. Wer Parallelen zum Committee on the Present Danger sucht, das in den siebziger und achtziger Jahren die Aufrüstung gegen die Sowjetunion forderte, stößt zum Teil auf die gleichen Geldgeber: Sarah Scaife und Carthage Foundation überwiesen dem CPD in den achtziger Jahren mindestens 400 000 Dollar.

Allen Stiftungen ist gemeinsam, dass ihr Vermögen aus der Industrie stammt und dass sie ihr Geld nun für die Förderung konservativer Anliegen einsetzen. Olin, Scaife, Bradley sowie die Stiftung Smith Richardson werden daher oftmals die «vier Schwestern» genannt. Schwestern, die auf Aggressivität setzen. Das AEI etwa geriet Mitte der achtziger Jahre in eine Krise, weil der damals eher moderate politische Kurs des Instituts zu einem Grundsatzkonflikt mit einigen Geldgebern wie der Olin Foundation und der Smith Richardson Foundation führte. Sie strichen ihre finanzielle Unterstützung, «weil ihnen die Stellungnahmen des Instituts zu zentristisch und nicht aggressiv und kämpferisch-konservativ genug waren», schreibt Gehlen.

Die reichste und einflussreichste unter ihnen ist die Lynde and Harry Bradley Foundation, sie besitzt ein Vermögen von etwa 500 Millionen Dollar. Die bereits verstorbenen Bradley-Brüder waren Gründer des Elektro- und Radioteileherstellers Allen-Bradley Company. Harry Bradley galt als extremer Rechter, der sich für einen Kapitalismus ohne Grenzen einsetzte und sich dagegen wehrte, Schwarze und Latinos in seiner Firma zu beschäftigen. Die Stiftung wurde reich, als die Firma für anderthalb Milliarden Dollar an den Rüstungskonzern Rockwell International verkauft wurde. Laut Jahresbericht verteilte die Bradley Foundation allein im Jahr 2002 knapp 26 Millionen Dollar.

Neokonservative wie Max Boot wenden gerne ein, dass liberale Stiftungen wie Ford, Rockefeller und MacArthur zusammen pro Jahr 833 Millionen Dollar ausgeben würden und damit zehnmal mehr als die genannten konservativen Stiftungen. Dabei verschweigt Boot allerdings zwei Details: Erstens finanzieren sich konservative Think Tanks nicht nur aus Stiftungen, sondern auch aus großzügigen Spenden der Industrie und reicher Privatpersonen. Dass CSP und PNAC Geld von Rüstungskonzernen erhalten, ist sehr wahrscheinlich, wird aber nicht offen gelegt. Zweitens setzen konservative Geldgeber stärker als die Liberalen auf Advocacy Think Tanks, also auf politische Lobbygruppen. «Während konservative Stiftungen stark in intellektuelle Eliten investiert haben, machten die Stiftungen der Linken das Gegenteil: Weil die Progressiven überzeugt waren, mehr für die Basis tun zu müssen, steckten sie das Geld in Sozialprogramme», schrieb der Think-Tank-Experte David Callahan bereits 1995 in *The Nation*. Die Linke, folgert er, sei deswegen im Wettbewerb der Ideen ins Hintertreffen geraten.

Diesen pessimistischen Bestandsaufnahmen zum Trotz scheinen die Neokonservativen fürs Erste zu Opfern ihres eigenen Erfolgs zu werden – oder ihrer eigenen Maßlosigkeit. Deutlich wurde das zu Beginn des Jahres 2004, als das American Enterprise Institute für ein neues Buch warb mit dem Titel: «Dem Bösen ein Ende: Wie der Krieg gegen den Terror zu gewinnen ist». Autoren waren die AEI-Mitarbeiter Richard Perle und David Frum. Aus Sorge, dass die US-Kampfbereitschaft nachlassen könnte, gaben sie die Linie für das weitere Vorgehen vor. Sie forderten Vorbereitungen auf einen Militärschlag gegen Nordkorea, ferner sollten die Regime Syriens und Irans fallen, und bisherige Verbündete sollten zu Gegnern werden, nämlich Saudi-Arabien (wegen Förderung des islamischen Terrors) sowie Frankreich (wegen Opposition gegen den Irakkrieg). Im Werbetext heißt es, das Buch sei ein überzeugendes Plädoyer dafür, warum die härteste Linie auch die sicherste ist.

Die amerikanische Öffentlichkeit aber ist der ewigen Generalmobilmachungsrhetorik müde, und auch aus dem rechten Lager schlug dem Autorenduo Anfang des Jahres Befremden und Spott entgegen. Der erzkonservative Publizist Pat Buchanan höhnte: «Die neokonservative Bewegung verliert den Sinn für die Realität.» Das Buch hinterlasse den bleibenden Eindruck «von Uninformiertheit und der Angst vor einer Debatte, die sich an Fakten orientiert», kritisierten die konservativen Außenpolitik-Experten Stefan Halper und Jonathan Clarke in der Zeitschrift *Washington Monthly*. Perle und Frum machen es den Kritikern leicht mit Sätzen wie diesem: «Im Krieg gegen den Terror gibt es für die Amerikaner keinen Mittelweg: Es geht um Sieg oder Holocaust.» Mögen die Anschläge vom 11. September auch die schlimmsten Terrorakte aller Zeiten gewesen sein, an Völkermord reichen sie bei weitem nicht heran. Und kaum jemand glaubt, dass Nordkorea oder Iran die Zivilisation in Nordamerika auslöschen können, wie Perle befürchtet.

Die Neokonservativen, so bemerkten es viele Kritiker des Perle-Buchs, scheinen jedes Gefühl dafür verloren zu haben, was sie mit ihren dauernden Schlachtrufen der US-Gesellschaft und der Welt zumuten. Richard Perle oder William Kristol tragen eben keine Verantwortung für die Folgen der von ihnen propagierten Politik. Schließlich sind nicht sie es, die im Wahlkampf erklären müssen, was der Feldzug gegen Saddam die Steuerzahler gekostet hat und noch kosten wird. Think-Tank-Scharfmacher müssen sich nicht vor Kongressausschüssen rechtfertigen, warum im Irak keine ABC-Waffen gefunden wurden. Sie müssen in Bagdad keine Zivilverwaltung aufbauen und müssen sich nicht mit den Verlusten des US-Militärs im Irak herumschlagen. Für sie ist der Irak abgehakt, und es ist Zeit für einen neuen Gegner.

Auf Vorschlag von Donald Rumsfeld war Perle 2001 Vorsitzender des einflussreichen «Defense Policy Board» geworden, das seit seiner Gründung 1985 den jeweiligen Verteidigungsminister berät. Etwa 30 ehrenamtliche Mitglieder gehören dem einflussreichen Board an. Sie haben Zugang zu geheimen Dokumenten und entscheiden auch über Rüstungsprogramme mit. Im Frühjahr 2003 musste Perle die Leitung des Defense Policy Board im Pentagon wegen eines Interessenkonflikts niederlegen, und im Februar 2004 zog er sich dann aus dem Gremium vollends zurück. Er wolle Bush und Rumsfeld im Wahlkampf nicht zur Belastung werden, erklärte er angesichts der breiten Ablehnung seiner Thesen. Am Ende des Kapitels Irak scheinen die neokonservativen Krieger wieder auf dem Weg zurück in Abseits; dort, wo sie bei der Gründung des PNAC angefangen haben. Die Präsidentschaftswahl im November 2004 könnte dies besiegeln.

Bushs Kriegskabinett hat großen Anteil an der offensichtlichen Misere im Nahen Osten. Die wichtigsten Mitglieder dieses Kabinetts werden auf den nächsten Seiten porträtiert. Gewinnertypen wie Perle sind darunter, Idealisten wie Wolfowitz auch. Keine ausgesprochenen Schurken, keine richtigen Bösewichte. Dennoch kam einigen von ihnen für ihre Pläne der 11. September gelegen. Die Lügenfabrik konnte nur in Gang gesetzt werden, weil Mitglieder der Bush-Regierung an den Schalthebeln saßen. Der Maschinist war Cheney. Der gescheiterte Macher steht am Anfang der folgenden Porträts – das letzte Kapitel über die Denkfabrik widmet sich Powell, dem Chamäleon. Der Blick auf die Karrieren dieser Schlüsselfiguren wird im Lichte der Betrachtung der Think Tanks zeigen, dass und warum die US-Politik der letzten Jahre und die Verwendung der Lüge als «strategisches» Mittel der Politik sich einer historisch sehr besonderen Konstellation verdanken.

Apocalypse now – Dick Cheney

Der Mann, den Papst Johannes Paul II. Ende Januar 2004 in seiner Privatbibliothek empfing, schaute sehr freundlich drein. Ein netter älterer Herr, schütere weiße Haare, die Brille weder modisch noch schick. Auf einem Pressefoto, das während der Begegnung entstand, ist zu sehen, wie der Besucher dem Oberhaupt der katholischen Kirche ein Geschenk überreicht, eine Taube aus Kristall. Johannes Paul II. hält den Kopf geneigt. Er schaut weder den Mann noch die Taube an. Seine ausgestreckte rechte Hand allerdings berührt das Kristall, als wolle er seine Echtheit prüfen. Ausgerechnet US-Vizepräsident Dick Cheney, der Falke im Kabinett von George W. Bush, schenkte dem Papst, der immer vor dem Waffengang im Irak gewarnt hatte, das Symbol des Friedens. Auf Anhieb ist das nicht leicht zu verstehen.

Paul Wolfowitz mag das Hirn der aggressiven amerikanischen Außenpolitik sein, Richard Perle ist ihr Lautsprecher, und Donald Rumsfeld gibt eine Mischung aus Kriegsführer und Woody Allen. Aber die treibende Kraft hinter allem ist Richard «Dick» Cheney. Ohne ihn läuft nichts in Washington. Die britische Zeitung *The Economist* hat ihn einmal mit einem Kurien-Monsignore verglichen. Und er hat eine Mission, die seine Anhänger so in Worte fassen: «With us or against U.S.»

Etliche Bücher und unzählige Artikel sind über Cheney im Laufe seiner langen politischen Karriere geschrieben worden. Darunter auch vieles, was nicht stimmte. Das meiste davon hat

Cheney, Jahrgang 1941, stumm hingenommen. Aber als es einmal in einem Artikel in der *Washington Post* hieß, Cheney sei ein vergleichsweise «liberaler» Republikaner, da gab er einem Helfer die Anweisung, unverzüglich bei der Zeitung anzurufen und die Sache geradezurücken: Er sei konservativ, und zwar stramm konservativ. Die bräuchten doch nur einmal nachzuschauen, wie er sich bei Abstimmungen verhalten habe. Er habe immer mit den Rechten gestimmt.

«Ich war stolz, Falke genannt zu werden», hat er in einem Interview gesagt. Es gebe keine Abstimmung über die Anschaffung von Waffensystemen, bei der er jemals mit Nein gestimmt hätte. Cheneys Weltsicht sei von klaren Trennungen in Schwarz und Weiß geprägt, konstatierte denn auch das Nachrichtenmagazin *Newsweek* – und von der Vorstellung, dass überall Feinde lauern. «Sein Weltbild ist schlicht», urteilte der politische Kommentator Joe Klein. «Er glaubt, dass Amerika die Macht hat, eine Welt zu schaffen, die ihm gefällt.»

Um an die Schaltstellen ebendieser Macht zu gelangen, hat Cheney in der politischen Landschaft einen langen Weg zurückgelegt. Er ist ein Routinier des Regierungshandwerks. Schon als 27-Jähriger arbeitete er im Kongress, Donald Rumsfeld hat ihn dann in die ganz große Politik geholt. Mit 34 Jahren war Cheney der Stabschef von Präsident Gerald Ford. 1979 zog Cheney für seinen Heimatstaat Wyoming ins Repräsentantenhaus ein. Am Ende war er der zweite Mann der Fraktion, der Einpeitscher. Von 1989 bis 1993 arbeitete Cheney als Verteidigungsminister bei George H. W. Bush, dem Vater des gegenwärtigen Präsidenten. Zwei Jahre später wurde er Chef des größten Öldienstleisters der Welt, Halliburton. Er verdiente in fünf Jahren 44 Millionen Dollar. Seit 2001 ist er der zweite Mann der USA und bekommt von dem Konzern weiterhin rund 150000 Dollar im Jahr. Das ist in den USA legal.

Geboren wurde er in Nebraska, aufgewachsen ist Richard Cheney in Wyoming im Westen. An der High School war er ein Football-Star, aber auf dem Weg ins Arbeitsleben hatte er Startprobleme. Die Universität in Yale musste er wegen schlechter Noten verlassen. So verdingte er sich daheim für zwei Dollar die Stunde als Hilfsarbeiter beim Bau von Überlandleitungen, ging zurück nach Yale, brach dann endgültig ab. Zweimal wurde er von der Polizei betrunken am Steuer erwischt. Er hat dann doch die Kurve bekommen und 1965 seinen Bachelor und ein Jahr später seinen Master in Politikwissenschaften an der Universität von Wyoming gemacht.

Seine Professoren waren keine Berühmtheiten wie etwa die Lehrer von Paul Wolfowitz. Aber er musste vorankommen, denn er hatte mit 23 Jahren geheiratet. Im Jahr als er seinen Master machte, wurde die erste Tochter geboren. Ab jetzt wollte er Erfolg haben.

1968 bat ihn der sieben Jahre ältere Rumsfeld zum Gespräch. Er erwog, Cheney in seinen Stab in Washington aufzunehmen. Doch der maulfaule Newcomer verpatzte diese erste Begegnung. Rumsfeld fand, Cheney sei nicht eloquent genug. Kurz darauf nahm er ihn doch.

Viele, die mit Cheney zu tun hatten, berichten von dessen extremer Schweigsamkeit. Er redet noch knapper als die Leute im Westen ohnehin, ja, er kaut die Worte. «Du kommst nicht in Not für etwas, was du nicht gesagt hast», lautet eine seiner Spruchweisheiten. In einem Porträt für die *Washington Post* unter der Überschrift «Der starke, schweigsame Typ» zitierte der Journalist Mark Leibovich Cheneys Frau Lynne mit der Schilderung einer Reise, die ihren Mann und seinen Vater Richard senior 300 Meilen durch Wyoming geführt hatte. Stundenlang hätten die beiden kein Wort gesagt. Dann habe ihr Dick ein Gespräch angefangen: «Hast du von Al Simpson gehört?» Simpson, ehemaliger Senator aus Wyoming, war einem Ruf nach Harvard gefolgt. Zwanzig Minuten Stille. «Ging nach Osten, nicht wahr?», sagte der Vater. «Ja», antwortete Dick. Ende der Konversation bis zur Ankunft.

Cheney ist ein leidenschaftlicher Angler. Darüber kann er auch schon mal ins Reden kommen. Manchmal erzählt er, wie er als junger Mann beim Fischen in der Schonzeit erwischt wurde: «Die 25 Dollar Strafe waren nicht einmal das Schlimmste. Sie haben mir auch noch die verdammten Fische weggenommen.» Wenn er heute Freunde zum Angeln mitnimmt, weiß Leibovich, dann nur solche, die dabei nicht reden.

Verschiedene seiner früheren Chefs beschreiben in ihren Memoiren Cheneys Stärken: enormer Fleiß, Diskretion, Durchsetzungsvermögen. Auf jedem Posten hat er sich unentbehrlich gemacht und eine stupende Liebe zum Detail entwickelt. Als Stabschef im Weißen Haus fiel ihm beispielsweise auf, dass beim Frühstück Salzstreuer fehlten. «Gibt es dafür einen Grund?», wollte er in einem Memo wissen. Selbst um die Motive von Weihnachtskarten hat er sich gekümmert.

Cheney wird von manchen Beobachtern den Neokonservativen zugerechnet. Das ist eine zu einfache Sicht. Er ist kein Ideologe wie Wolfowitz und hat auch nie für die Demokraten gearbeitet. Die meisten der Neocons sind enttäuschte Demokraten, viele davon mit einer Affinität zur Sozialpolitik. Cheney interessiert sich für Geheimdienste, fürs Militär und vor allem für Amerikas Führungsanspruch. Er war immer schon ein rechter Republikaner. Wärme, Zuversicht, Treue, Leistungswille, Pflicht- und Geschichtsbewusstsein sind die Werte, die er hochhält. Die alten Werte. In seiner Heimat Wyoming kommen die Republikaner bei Wahlen auf gut 60 Prozent. Einer seiner Helfer hat gegenüber einem Reporter einmal geäußert, sein Chef turtele manchmal auch «mit den Zombies von rechts außen». Cheney würde auch «auf der Seite von Dschingis Khan stehen, wenn der rechts genug wäre», frotzelte einer seiner Gegner.

In der Regierung des Gerald Ford machte sich der junge Cheney nicht nur als Organisationstalent unentbehrlich, er stand auch für einen härteren Kurs gegenüber den Sowjets. Als sich Ford aus Rücksicht auf die Regierung in Moskau zierte, den ausgebürgerten russischen Schriftsteller Alexander Solschenizyn zu empfangen, fand Cheney die Entscheidung falsch. Treffen mit sowjetischen Führern seien sehr wichtig, schrieb er im Juli 1975 an Rumsfeld, aber die Amerikaner seien keine *buddies* der Russen. Die Sowjets würden schließlich bei jeder Gelegenheit über die Amerikaner herfallen und sie als Imperialisten oder Kriegstreiber beschimpfen. «Da kann ich nicht glauben, dass sie nicht verstehen würden, warum der Präsident Solschenizyn sehen möchte.» Cheney konnte sich nicht durchsetzen, denn Außenminister Henry Kissinger war strikt dagegen. Wie auch die Neocons hatte Cheney starke Abneigungen gegen die Politik des Meisters der Detente, Henry Kissinger. In den achtziger Jahren fand er es wichtig, die Contras zu unterstützen, jene Rebellen, die mit Waffengewalt die gewählte sozialistische Regierung von Nicaragua stürzen wollten. Damit das Land «im Hinterhof der USA», wie es damals hieß, nicht zu einem zweiten Vietnam werde. Zwar hatte er sich «wegen anderer Prioritäten» (Cheney) nicht für den Vietnamkrieg gemeldet, aber die Ziele der Militärs in Vietnam hatte er «vernünftig und gut» gefunden. Natürlich war er auch für den «Krieg der Sterne», den Ronald Reagan ausgerufen hatte.

Mit der liberalen Presse hatte er immer schon Probleme. Der weltweit bekannte Enthüllungsreporter Seymour Hersh verwahrt in seinem Büro an der Connecticut Avenue in Washington einen Stapel dreißig Jahre alter streng geheimer blauer Papiere, die aus der Zeit stammen, als Cheney noch stellvertretender Stabschef im Weißen Haus war. Hersh, der als Erster das Massaker von My Lai publik gemacht hatte, hat damals in der *New York Times* über Vietnam, über die CIA und über amerikanische U-Boote in sowjetischen Gewässern Aufsehen erregende Geschichten geschrieben. Dick Cheney war in Rage. Handschriftlich listete er eine Reihe von Handlungsoptionen auf, darunter eine «sofortige Anklage gegen *New York Times*/Hersh», «FBI-Ermittlungen gegen die *New York Times*/Hersh» oder ein «Durchsuchungsbefehl – um Hershs Unterlagen in seinem Apartment zu bekommen». Doch die Regierung Ford hat sich nichts davon getraut. Sehr zu Cheneys Ärger, der immer bereit war, mit allen Mitteln vorzugehen, wenn es gegen die «linke» Presse ging. Seine Abneigung gegen die «liberalen Tintenpisser», wie er sie nennt, ist im Laufe der Jahre nicht geringer geworden. Als George W. Bush im Wahlkampf 2000 aus Versehen vor einem offenen Mikrophon seine Verachtung für einen kritischen Journalisten kundtat («What an asshole»), knurrte Cheney als Antwort: «Yeah, big time.»

Journalistische Schnüffler sind Cheney schon deshalb zuwider, weil er sich gerne geheimnisvoll gibt. Und selbstverständlich umgeben ihn viele Geheimnisse. In den achtziger Jahren nahm Cheney ebenso wie Rumsfeld an einer streng geheimen Regierungsübung teil. Es wurde der *worst case* geprobt: Die Sowjets hatten, so das Planspiel, Amerika mit Atomwaffen angegriffen; der Präsident und der Vizepräsident waren tot. Drei Teams – deren Mitglieder abends heimlich in riesige Atomschutzbunker in der Nähe von Washington einzogen – hatten nun die Aufgabe, die Führung des Landes zu übernehmen: Team grau, Team blau und Team rot. Jedes davon bestand aus etwa sechzig Beamten und Politikern, zwei davon wurden von Cheney und Rumsfeld geleitet. Rumsfeld war dabei, weil er als Stratege galt, Cheney, weil er ein hervorragender Organisator war und äußerst diskret. Selbst im geschwätzigen Washington sind die Übungen, die etwas außerhalb der Legalität stattfanden, lange Zeit nicht bekannt geworden.

Perfektion und Kontrolle, Geheimhaltung, ewiges Misstrauen, Untergangsszenarien – ein Politiker, der für den Ausnahmezustand lebt und arbeitet. Cheneys extremem Sicherheitsdenken fällt es schwer, sich auf Veränderungen einzulassen. Selbst als der Kommunismus am Ende war und der Ostblock auseinander fiel, warnte er weiter vor der Gefahr aus dem Osten. Brent Scowcroft, der nationale Sicherheitsberater von Bush senior: «Cheney war der größte Skeptiker. Er glaubte, dass die Reformen im Osten nur kosmetisch sind.» Vor dem ersten Irakkrieg 1990/91 – Cheney war Verteidigungsminister im Kabinett von George Bush senior – beklagte er, wie in Bob Woodwards Buch «Die Befehlshaber» nachzulesen ist, dass die Militärs nicht in der Lage waren, unterschiedliche Kriegsszenarien vorzulegen. Wenn es schief gehe, sei das Militär in den USA erledigt. Also schaltete er sich aktiv in die Kriegsplanung ein. Nach dem Sieg übte Cheney intern heftige Kritik an den Geheimdiensten, weil sie das volle Ausmaß der irakischen Anstrengungen nicht erkannt hätten, sich Massenvernichtungswaffen zu verschaffen. So sei nicht bekannt gewesen, dass der Irak sein Atomwaffenprogramm gleich auf drei verschiedenen Wegen vorangetrieben hatte, und das Biowaffenprogramm (an dem amerikanische Unternehmen kräftig beteiligt waren) sei ebenfalls unterschätzt worden.

Dann kamen die Demokraten an die Macht, in den Augen der Republikaner ein «düsteres Interregnum» von acht langen Jahren. Cheney überwinterte kurze Zeit in einem Think Tank. Dann erwog er, für die Präsidentschaftswahlen 1996 zu kandidieren, ließ den Plan jedoch wegen mangelnder Erfolgsaussichten fallen. Ein Schweiger wie er ist kein Mann für die Massen. Am 10. August 1995 erklärte Cheney: «Als ich mich dieses Jahr entschied, nicht für das Weiße Haus zu kandidieren, war das eine Entscheidung, meine politische Karriere zu beenden und etwas Neues zu machen.»

Zwanzig Jahre lang war er weit vorne dabei gewesen, trotz gesundheitlicher Probleme. Drei Herzinfarkte, den ersten 1978 mit 37 Jahren, hatte er hinter sich, dazu eine Operation, in der ihm vier Bypässe implantiert wurden. Und jetzt? Abschied von der Politik?

Cheney wurde 1995 Chief Executive Officer (CEO) des texanischen Öl- und Dienstleistungskonzerns Halliburton. Er pflegte, wie Jane Mayer im Februar 2004 im *New Yorker* berichtete, schon als Verteidigungsminister gute Beziehungen zu Halliburton. Das Unternehmen hatte Anfang der neunziger Jahre vom Pentagon den Auftrag bekommen, Studien über die Privatisierung von Dienstleistungen für die US-Streitkräfte anzufertigen: die Versorgung der Soldaten mit Mahlzeiten und den Wäscheservice. Bevor Cheney das Pentagon Anfang 1993 verließ, erhielt Halliburton die Aufträge für diese Dienstleistungen in Somalia und auf dem Balkan. Gesamtumsatz der beiden Geschäfte: 2,3 Milliarden Dollar.

Bei Halliburton bewährte sich Cheney vor allem als Türöffner. Seine Kontakte zu Staatsmännern in Saudi-Arabien oder in Asien waren gut fürs Geschäft. Allzu große Skrupel bei der Auswahl von Geschäftspartnern kannte er nicht. Vielmehr attackierte Cheney die Regierung Clinton für ihr «Unvermögen (...), den strategischen Wert des Öl- und Gasgeschäfts zu erkennen», und verteidigte beispielsweise den Herrscher von Aserbaidschan, Geidar Alijew, gegen den Vorwurf, fortwährend gegen Menschenrechte zu verstoßen.

Im Jahr 1998 kaufte Halliburton seinen größten Rivalen, Dresser Industries, und übernahm damit auch die Kunden von Dresser-Tochterunternehmen im Iran, in Libyen und im Irak. Halliburton verkaufte bis Februar 2000 unter Cheney Dienstleistungen im Ölgeschäft im Wert von mehreren Millionen Dollar an Saddam Husseins Regime.

Als Cheney Vizepräsident war, bekam Halliburton den Auftrag für den Bau der Gefängnisse in Guantanamo (37 Millionen Dollar) und der neuen amerikanischen Botschaft in Kabul (100 Millionen Dollar). Am Irakkrieg verdiente das Unternehmen auf zweifache Weise: Zum einen erzielte Halliburton mit Dienstleistungen für die US-Truppen einen Umsatz von elf Milliarden Dollar, zum anderen erhielt es Kontrakte für den Wiederaufbau der Ölindustrie über rund sieben Milliarden Dollar. Auch diverse Affären, darunter ein Skandal um Schmiergeldzahlungen und überhöhte Abrechnungen bei der Versorgung der Truppen im Irak, konnte die enge Verbindung von Regierung und Unternehmen nicht trüben. Beim Wiederaufbau in Afghanistan und vor allem im Irak kommen auffälligerweise die zahlungskräftigsten Sponsoren der Republikaner im Wahlkampf zum Zuge. Die Nähe zur Regierung Bush zahlte sich nicht nur für Halliburton aus.

Eigentlich ist das Amt des Vizepräsidenten, das Cheney seit Januar 2001 innehat, relativ unbedeutend. Solange der Präsident lebt, hat der Vize in der Regel wenig zu sagen. Doch Cheney hat sich diese Position selbst ausgesucht. Bush hatte ihn im Wahlkampf 2000 gebeten, den passenden Vize zu finden, und die Wahl von Cheney war auf Cheney gefallen. Und er hat etwas daraus gemacht: «Er ist der mächtigste Vizepräsident in der amerikanischen Geschichte», konstatierte James Baker, unter Bush senior Außenminister. Und Cheney beherrscht die Tricks der wirklich Mächtigen. Er spricht wenig, meist als Letzter und dann so leise, dass alle genau aufpassen müssen, um ihn zu verstehen. Und sie passen auf, denn Cheney ist in der Lage, zu strafen und zu belohnen. Es war vor allem Cheney, der nach dem umstrittenen Wahlsieg für den relativ unerfahrenen Bush ein Team aus alten Freunden und Weggefährten zusammengestellt hat – kalte Krieger, Politprofis, Hardliner mit Wirtschaftserfahrung vor allem. Die meisten hat er gut gekannt. Er hat ein feines Gespür dafür, von wem er Gefolgstreue erwarten kann – und für Verrat ein Gedächtnis wie ein Elefant. Die Politikpause in der Ära Clinton und der steile Wiederaufstieg an die Spitze haben Cheneys Weltsicht nicht verändert. Eine Welt, bestimmt von schicksalhaften Mächten und epochalen Bedrohungen. Eine Welt, in der die Apokalypse stets nahe ist. Lange schon vor dem 11. September hat sich Cheney mit dem Horrorszenario beschäftigt, dass Schurkenstaaten oder Terroristen oder Kriminelle über chemische, biologische oder gar atomare Waffen verfügen könnten. Cheney sei von der Vorstellung geprägt, dass der Mensch zum Schlimmsten fähig ist und dass man also immer mit dem Unerwarteten rechnen muss, hat der Historiker Victor David Hanson ein Gespräch mit dem Vizepräsidenten zusammengefasst. Und natürlich kommt Cheney – wie fast alle anderen am Kabinettstisch – immer einmal wieder auf Pearl Harbor zurück, nie ohne zu betonen, wie unvorbereitet die USA damals gewesen seien.

Deutsche Politiker lesen gerne Biographien, amerikanische Politiker bevorzugen historische Bücher. Der ungediente Cheney, der einmal Verteidigungsminister war, beschäftigt sich am liebsten mit Militärgeschichte. Auf seinen Reisen führt er meist einen Stoß Bücher mit, die Titel tragen wie: «Die Schlacht von Okinawa und die Atombombe». Er weiß alles über Kamikaze-Flieger und die Schäden, die sie der US Navy zugefügt haben. Zum 60. Geburtstag schenkten ihm seine beiden Töchter eine Karte mit Details einer Schlacht aus dem amerikanischen Bürgerkrieg. Einer seiner Vorfahren hatte mitgekämpft.

Cheneys Helden sind Winston Churchill und der legendäre General und Außenminister George Marshall. Nach den Terroranschlägen am 11. September zitierte sein Stabschef Lewis Libby aus den Memoiren von Churchill, um Cheneys Verfassung zu beschreiben: Sein «früheres Leben» sei «eine Vorbereitung gewesen auf diese Stunden, auf diese Prüfung». Nach den Anschlägen hatten Beamte des Secret Service den Vizepräsidenten in den unterirdischen Krisenbunker des Weißen Hauses gebracht. Und von dort aus übernahm er das Kommando. George W. Bush, der in Florida weilte, empfahl er, nicht nach Washington zurückzukehren, weil die Terroristen möglicherweise die Führung der Regierung töten wollten. Er wusste, was zu tun war. Er kannte das alles. In den geheimen Übungen der achtziger Jahre, die die Lage nach einem Atomschlag simulierten, hatte er gelernt, wie man eine Katastrophe bewältigt.

Während Paul Wolfowitz gleich darauf den Irak ins Visier nahm, übte Cheney, der gern die Sphinx spielt und lieber Fragen stellt, als voreilig Antworten zu geben, öffentlich zunächst Zurückhaltung. Intern aber machte er Druck. Der Krieg gegen den Terror müsse total sein: «Wenn wir zu 99 Prozent Erfolg haben, kann das fehlende eine Prozent uns umbringen. Verteidigung ist nicht genug.» Im Sommer 2002 ließ er sich von Biowaffenforschern über drohende Gefahren informieren. «Sie machen alles, um uns noch mehr zu treffen, noch tödlichere Waffen gegen uns einzusetzen», resümierte Cheney seine Erkenntnisse. Immer wieder warnte er vor dem «nächsten Schlag». Auf Cheneys Schreibtisch landeten alle Berichte, die irgendeine Beziehung zwischen den Anschlägen vom 11. September und dem Irak unterstellten. Auch die Expertisen über das angeblich riesige Arsenal an irakischen Massenvernichtungswaffen wurden an ihn adressiert. Er schaute mehrmals bei der CIA in Langley vorbei, um den Auswertern seine Sicht der Bedrohung klar zu machen. Dennoch war es sehr ungewöhnlich, dass er am 26. August 2002 als Erster öffentlich zur Attacke blies. Der sonst so zurückhaltende Cheney, der nur wenige Interviews gibt und große Auftritte scheut, hielt in Nashville eine Rede vor Veteranen, die eine verkappte Kriegserklärung an den Irak war und eine Absage an die Vereinten Nationen. «Eine Rückkehr der Inspektoren würde in keiner Weise garantieren, dass sich der Irak an die Resolutionen der Vereinten Nationen» halten würde. Im Gegenteil bestehe die große Gefahr, dass dadurch ein falsches Gefühl der Sicherheit ausgelöst würde, dass Saddam wieder in seiner Schachtel verschwinde. «Es besteht kein Zweifel, dass Saddam Hussein heute Massenvernichtungswaffen besitzt; es besteht kein Zweifel, dass er sie hortet für den Einsatz gegen unsere Freunde, gegen unsere Verbündeten und gegen uns.» In den Händen eines «mörderischen Diktators» seien diese Waffen die «schwerste Bedrohung, die man sich vorstellen kann. Das Risiko, das mit Untätigkeit verbunden ist, ist viel größer als das Risiko des Handelns».

Cheney geriet mit Außenminister Colin Powell aneinander, der den Vereinten Nationen eine Chance geben wollte. Der Reporter Bob Woodward, zu dessen ergiebigsten Quellen traditionell Powell gehört, resümierte in seinem Buch «Bush at War» eine Begegnung zwischen Cheney und Powell im September 2002: «Das Gespräch geriet explosionsartig zu einer heftigen Auseinandersetzung, die sich gerade noch in den Grenzen der Höflichkeit hielt.» Powell habe versucht, die möglichen Konsequenzen eines unilateralen Vorgehens der USA zu diskutieren. Das sei überhaupt nicht das Thema, habe Cheney gesagt. Saddam und die unübersehbare Bedrohung sei das Thema. Woodward: «Cheney war völlig fixiert auf ein Vorgehen gegen Saddam. Es war, als ob alles andere nicht existierte.»

Die Veteranen des Think Tanks PNAC, die schon 1997 die Beseitigung Saddams als politisches Ziel definiert hatten, konnten zufrieden sein. Einen Tag vor der Einnahme Bagdads durch amerikanische Truppen schoss ein Fotograf im Büro des Vizepräsidenten ein Erinnerungsfoto. Es zeigt einen lachenden Cheney, der auf den zufrieden dreinschauenden Paul Wolfowitz zeigt. Die beiden anderen Männer auf dem Bild sind die alten PNAC-Kämpfer Scooter Libby und Douglas Feith.

Mit derlei Selbstgerechtigkeit war es spätestens im Frühjahr 2004 vorbei. Die Irak-Lügen und der Halliburton-Skandal haben Cheneys Image stark ramponiert. Nicht nur die Demokraten in den USA kritisierten, bei der Vergabe der Regierungsaufträge an den Konzern Halliburton hätten enge Beziehungen des Unternehmens zum Vizepräsidenten eine wichtige Rolle gespielt.

Cheney, der noch einmal für das zweitwichtigste Amt im Weißen Haus kandidiert, ist für Bush zur Belastung geworden. Der große Schweiger ist seinem Wahlspruch zu oft untreu geworden und hat, immer wenn es um den Irak ging, maßlos übertrieben. So war es schon eine ziemliche Chuzpe, dass der Falke dem Papst bei seinem Besuch in Rom eine Friedenstaube schenkte.

Die fromme Expertin –
Condoleezza Rice

Am 15. September 2001, dem Samstag nach dem Angriff auf das World Trade Center, bestellt der Präsident sein Kriegskabinett, die Chefs von CIA und FBI sowie einen General in seine Wochenendresidenz nach Camp David. Man isst Büffelfleisch und bespricht die Lage. Die Lage ist ernst, unübersichtlich, aber fest steht, dass sich Amerika im Krieg befindet. Das CIA-Briefing und die inzwischen zusammengetragenen Erkenntnisse der anderen Geheimdienste deuten auf Osama Bin Ladens al-Qaida als die Macht im Hintergrund des Anschlags hin und auf Afghanistan als das Rückzugsgebiet von al-Qaida. Condoleezza Rice, die Sicherheitsberaterin des Präsidenten, schaut sich Afghanistan auf einer Karte an und kann nur seufzen, wie der Reporter Bob Woodward in seinem Buch «Bush at War» zu berichten weiß. Das Land «beschwor alle negativen Bilder herauf». Es war «weit weg, gebirgig, ohne Zugang zum Meer, schwierig».

Ms. Rice, vorsichtig, bittet um Vorschläge, was man noch unternehmen könne, außerhalb von Afghanistan und mit mehr sichtbarem Erfolg. Paul Wolfowitz verweist auf den Irak. Es wird weitergearbeitet. Am Ende verabschiedet sich Präsident George W. Bush von jedem mit Handschlag. Colin Powell und Donald Rumsfeld verlassen Camp David, die anderen bleiben noch zum Essen. Condoleezza Rice gelingt es, ihre Laune für den Rest des Abends deutlich zu heben; sie setzt sich ans Klavier und singt mit den anderen «Nobody Knows the Trouble I've Seen» und «America the Beautiful». Condoleezza Rice, 1954 geboren, ist, von Ehefrau Laura abgesehen, die einflussreichste Person in der Nähe von George W. Bush. Sie bestimmt die Richtlinien zumindest der Außenpolitik. Und sie ist schwarz.

Der Musiker Harry Belafonte hat Condoleezza Rice und Colin Powell keineswegs freundlich als «house nigger» bezeichnet, die vergleichsweise privilegierten Sklaven, die nicht auf der Baumwollplantage arbeiten mussten, sondern im Herrenhaus dienen durften. Das Herrenhaus wäre in diesem Fall natürlich das Weiße Haus, und die beiden Schwarzen, mit denen sich der konservative Präsident schmückt, opportunistische Aufsteiger, schlimmer: Schoßhündchen der weißen Oberschicht. Traditionell werden die Schwarzen von den Demokraten vertreten, aber die Vorstellungen der «Great Society», mit denen Lyndon B. Johnson die Liberalisierung seines Vorgängers John F. Kennedy fortsetzte, waren in der Familie Rice bedeutungslos. Man schaffte es nicht, obwohl man schwarz, sondern weil man Rice war.

Condoleezza Rice kommt aus Birmingham in Alabama, wo ihr Vater als presbyterianischer Prediger wirkte. Obwohl sie nicht weit vom Schwarzenghetto aufwuchs, sah sich die Familie in einer anderen Welt. Bereits im Alter von drei Jahren erbettelte sich Condoleezza, die ihren Namen der musikalischen Anweisung «con dolcezza» (mit Gefühl) verdankt, den ersten Klavierunterricht. Sie spielte unermüdlich. Nebenher lernte sie Französisch, erhielt Ballettunterricht, spielte Flöte und war immer die Beste in der Schule. Erst in den Teenagerjahren setzte sich in der Familie die Erkenntnis durch, dass ihr Klavierspiel bei allem Einsatz wohl doch nicht zum Weltniveau reichen würde, das sich das Mädchen und die Eltern für sie erträumt hatten. Aber da war noch ein anderer Traum: Washington. Acht Jahre war sie alt gewesen, als sie mit ihrem Vater in die amerikanische Hauptstadt fuhr. Während der Besichtigungstour blieben sie vor dem Weißen Haus stehen, und die kleine Condi soll gesagt haben: «Eines Tages werde ich da drin sein.» Womöglich sah sie sich da noch vor dem Präsidenten und vielen Gästen auf dem Klavier brillieren.

Bis heute versteht sich Condoleezza Rice nicht als Schwarze, sie vermied in den sechziger und siebziger Jahren jede Teilnahme an den Protestaktionen der Bürgerrechtsbewegung («zu radikal») und legt allergrößten Wert darauf, dass ihre Karriere nichts mit ihrer Hautfarbe zu tun habe. Vielmehr betont sie bei Gelegenheit, dass ihre Vorfahren zwar Sklaven, aber doch etwas Besseres gewesen sein müssen. Der Hohn Belafontes trifft sie nicht: «Ich weiß, dass sie Haussklaven waren und dem Herrn aufwarteten.» Sie sagt das voller Selbstbewusstsein und gewiss auch im Bestreben, sich von den unglücklichen Schwarzen abzuheben, die in den vielen Generationen seit der Sklavenbefreiung durch Abraham Lincoln noch immer nichts anderes zustande bringen, als ihre Zurücksetzung zu beklagen. Condoleezza Rice quält jedenfalls ein körperlicher Widerwille gegen jede Form von Schlamperei und Nachlässigkeit, gegen schlechte Manieren und Selbstmitleid, gegen alle jene Eigenschaften, die die Weißen seit je den Schwarzen zuschreiben.

Denn sie ist hart. Dass sie es so früh, mit gerade einmal 26 Jahren, zur Professorin brachte, hat ganz sicher damit zu tun, dass sich die Stanford University mit einer jungen Schwarzen schmücken konnte, auch wenn sie es bestreitet. 1991 kam sie als Vertreterin der Minderheiten in die Universitätsverwaltung und erhielt die Aufsicht über den Etat. Stanford befand sich seit zwei Jahren in den roten Zahlen; kaum hatte Condi Rice das Amt übernommen, wurde wieder Gewinn erzielt. Dafür kürzte sie allerdings sämtliche Vergünstigungen, unter anderem zur Unterstützung von Frauen und Schwarzen. Es kam wegen ihrer Amtsführung mehrfach zu Demonstrationen auf dem Campus; auch ein Hungerstreik fand statt. Die Reaktion der Vizepräsidentin:

«Ich bin ja nicht hungrig.» Als sich eine Studentin darüber beklagte, dass sie wegen ihrer schwarzen Hautfarbe diskriminiert werde, erhielt sie von Condoleezza Rice den Bescheid, dass sie sich lieber um ihr Studium kümmern solle. Freunde berichten, dass sie auch den Tod ihrer geliebten Eltern mit äußerster Fassung aufnahm.

Sie durften stolz auf sie sein. Zwar brillierte sie nicht, wie es sich für ein Mädchen gehört hätte, am Flügel oder an der Stange, aber zum Star auf der Bühne hat sie es dennoch gebracht. Niemand hätte erwartet, dass ein behütetes Kind, das in den Sechzigern und Siebzigern sorgfältig darauf achtete, nicht mit den zornigen, wenn auch gewaltlosen Aktivisten um Martin Luther King verwechselt zu werden, ausgerechnet die Politik zu ihrem Metier erwählen würde. Wie ihre Herkunft nahe legt, war Condoleezza Rice zunächst als Demokratin eingetragen, doch ließ sie sich 1980 als Republikanerin registrieren, weil sie der Meinung war, dass Jimmy Carter auf den Einmarsch der Sowjetunion in Afghanistan zu milde reagierte (immerhin sagte er die Teilnahme der USA an den Olympischen Spielen in Moskau ab). Sie studierte inzwischen Politische Wissenschaften bei Josef Korbel, einem tschechischen Emigranten, der an der Universität in Denver vorwiegend über osteuropäische Zeitgeschichte las. Die Pufferstaaten zwischen der Sowjetunion und Deutschland waren bis 1950 einer nach dem anderen in die Hegemonie der Sowjetunion geraten. Korbel hatte das «Reich des Bösen», das Ronald Reagan in seinem letzten Stadium beschwor, noch an seinem Anfang erlebt. In den späten vierziger Jahren hatte sich der «Eiserne Vorhang» in Europa herabgesenkt, und das Machtstreben Stalins hatte man an jedem neuen politischen Mord in der Tschechoslowakei, in Polen, in Bulgarien und Rumänien studieren können. Für ihn wie auch für seine Schüler war der sowjetische Kommunismus kein Papiertiger, sondern stets eine reale Bedrohung aller amerikanischen Prinzipien gewesen: Freiheit, Unabhängigkeit und der immer wieder bestätigte Glaube, dass es an jedem Einzelnen liege, ob er den gesellschaftlichen Aufstieg schafft. Condoleezza Rice schaffte den Aufstieg als erbitterte Antikommunistin.

Sie lernte Russisch. Condoleezza Rice gehört nicht nur zu den wenigen Osteuropa-Experten in der amerikanischen Regierung, sie beherrscht das Russische auch so gut, dass sie persönlich zwischen Michail Gorbatschow und dem älteren George Bush vermitteln konnte. Madeleine Albright, die Tochter Korbels und später in der Clinton-Regierung Außenministerin, hatte ihr eine Stelle bei den Demokraten angeboten, aber sie wollte es mit ihrer neuen Partei halten, den Republikanern. Mit einem Forschungsstipendium versehen, arbeitete sie an der tiefreaktionären Hoover Institution, an der nach wie vor die inzwischen bejahrten kalten Krieger den Ton angaben. Immerhin konnten sie sich auf den Präsidenten Ronald Reagan berufen, der die kriegerische Auseinandersetzung nicht scheute, vorausgesetzt, sie war kalkulierbar und brachte Wählerstimmen.

Reagans Nachfolger George Bush senior erlebte den Fall der Berliner Mauer und den Zusammenbruch des sowjetischen Imperiums. Condoleezza Rice war seine wichtigste Beraterin für Osteuropa. Damals entwickelte sich ihre große Vertrautheit mit der Familie Bush. So war es schließlich sie, die für die Hörbuchfassung den Rechenschaftsbericht des älteren Bush las. Zu ihrer Sprechrolle gehörte auch eine Passage, in der der ehemalige Präsident zu begründen versuchte, warum er 1991 nicht auf Bagdad und gegen Saddam Hussein marschiert war. Als Direktorin im Nationalen Sicherheitsrat von 1989 bis 1991 war sie für die amerikanische Seite maßgeblich an der Vorbereitung der Zwei-plus-vier-Gespräche zur deutschen Vereinigung beteiligt.

Die neunziger Jahre der Clinton-Ära verbrachte Condoleezza Rice zum größten Teil in Stanford. Sie ließ sich außerdem in den

Aufsichtsrat verschiedener Konzerne entsenden. Der Posten bei Chevron war mit Sicherheit der wichtigste, weil sich von diesem Mineralölkonzern aus die engsten Verbindungen zur Familie Bush und vor allem zum texanischen Gouverneur George W. Bush ergaben, der seinerseits zeitweilig im Ölgeschäft aktiv gewesen war.

Im Jahr 1999 bestellte der jüngere Bush sie zu seiner außenpolitischen Beraterin. Noch war Clinton Präsident, aber er konnte nach zwei Amtszeiten nicht wiedergewählt werden. Clinton war in Somalia und zuletzt im immer während Streit zwischen Israel und den Palästinensern außenpolitisch gescheitert. Auch sein Eingreifen in den jugoslawischen Bürgerkrieg überzeugte die konservativen Wähler nicht. Für ihren Geschmack vertraute dieser Präsident zu sehr auf die Vereinten Nationen, gab zu viel von der amerikanischen Macht an ausländische Kräfte ab; er war ihnen zu sehr Internationalist und zu wenig Isolationist. Die Clinton'sche Politik des «Aufbaus von Nationen» etwa, die vom Bürgerkrieg zerfetzte Länder zu vernünftig verfassten Mächten hochpäppeln sollte, widersprach dem America-First-Denken vieler Isolationisten. In ihren Augen war Clinton ein Schwächling, der den Ausverkauf nationaler Interessen betrieb.

Das war denn auch der implizite Vorwurf des programmatischen Artikels, den Condoleezza Rice im Sommer des Wahljahres 2000 in der Zeitschrift *Foreign Affairs* veröffentlichte. Unter dem Titel «Zugunsten unserer nationalen Interessen» forderte sie ein Ende der Interventionspolitik, der selbst Clinton nur zögernd nachgegeben hatte. Vielmehr schwebte ihr das bipolare Weltbild des Ostblock-Flüchtlings Josef Korbel und Ronald Reagans noch immer nicht versunkenes «Reich des Bösen» vor, eine Geopolitik der großen Mächte, in der einst Henry Kissinger brilliert hatte. Der bedeutendste Erfolg dieser außenpolitischen Konzeption wurde Bushs Freundschaft mit Wladimir Putin, die diesem bekanntlich freie Hand im Kaukasus verschaffte. Die neuen Grundsätze, die nach den verweichlichten Clinton-Jahren die neue Außenpolitik prägen sollten – sie waren die ganz alten.

Sie wurden noch älter.

Seit dem 11. September kennt die amerikanische Geopolitik nur mehr eine Großmacht und folglich nur mehr deren Interessen: die USA selbst. Was gut ist für Amerika, ist gut für die Welt. Und was hat Amerika, das dem größten Teil der Welt abgeht? Eine Demokratie. Seither versuchen die USA, die Demokratie mit Feuer und Schwert in einer Art heiligem Krieg zu verbreiten.

Die Rechtfertigung dafür ist neu; sie unterscheidet sich sowohl vom Zynismus Kissingers als auch der Menschenrechtspolitik eines Jimmy Carter und Bill Clinton: Sie besteht in einer evangelikalen Moral, aus der sich Auserwähltheit und Überlegenheit ableiten. Sowohl Bush als auch seine Beraterin sind fromme Christen. Sie hängen allerdings einer genuin amerikanischen Lesart von Gläubigkeit an, der zufolge, um es kurz zu sagen, mein Gott der bessere ist, weil er mich erfolgreich gemacht hat. Das gilt für Bush und für Condoleezza Rice, das gilt aber auch für Amerika, das nach dem Anschlag vom 11. September zunächst in tiefste Selbstzweifel stürzte. Der amerikanische Justizminister John Ashcroft hat es so formuliert: «Wir sind nicht bloß dafür bekannt, dass wir durch unsere Macht die Oberhand haben. Wir haben jetzt auch Gelegenheit, durch unsere moralische Autorität zu führen, durch unsere Grundwerte Freiheit und Pflichtgefühl.»

George Bush verlässt sich auf seine Beraterin. Sie ist nach Möglichkeit immer in seiner Nähe. Da sie offenbar ohne familiäre Bindungen ist, verbringt sie auch einen großen Teil ihrer Freizeit zusammen mit der Familie Bush. Für den Präsidenten spricht sie aus, was er noch kaum denkt, formuliert sie aus, was er nie so präzise zu sagen wüsste. Als Bob Woodward im August 2002 eine Audienz auf dem texanischen Landsitz des Präsidenten gewährt wurde, war Condoleezza Rice selbstverständlich zugegen. Mit ihrer Empfehlung nannte er bereits damals den Irak und Nordkorea als seine nächsten Ziele. Amerika zuerst!, lautete die Devise der beiden. Und sie verfügten über genügend Überzeugung und auch fromme Helfer, um der brutalen Machtpolitik, die diesem Denken entspricht, den Anschein eines göttlichen Auftrags zu geben. Aber auch ihr Stern beginnt zu sinken. Der ehemalige Sonderbeauftragte für die Terrorabwehr, Richard Clarke, lastete ihr an, vor dem 11. September seine Warnung in Bezug auf drohende Terroranschläge in den Wind geschlagen zu haben. Vermutlich habe sie zunächst nicht einmal gewusst, was al-Qaida sei. Die sonst so gefasste Frau wirkte nach den Vorwürfen von Clarke gereizt und nervös. Sichtlich angespannt trat sie im April 2004 vor dem Untersuchungsausschuss der Terroranschläge vom 11. September auf. Es habe Tausende möglicher Bedrohungen gegeben, sagte sie. Warnungen der Geheimdienste hätten sich überwiegend auf US-Einrichtungen im Ausland bezogen.

Nur Tage später musste das Weiße Haus ein Regierungsdokument vom 6. August 2001 veröffentlichen, aus dem hervorging, dass Bin Laden über ein Netzwerk von Anhängern verfüge und schon seit 1997 Terroranschläge in den USA verüben wolle. Die Bundespolizei FBI habe verdächtige Aktivitäten beobachtet, die «zu Vorbereitungen für Flugzeugentführungen oder anderen Arten von Anschlägen» passen. Es gebe Hinweise darauf, dass Terroristen Gebäude in New York ausgekundschaftet hätten. Verglichen damit waren die Hinweise auf den Irak sehr dürftig gewesen.

Der Weltenlenker aus der zweiten Reihe – Paul Wolfowitz

Am Morgen des 11. September 2001 saß Paul Wolfowitz mit Verteidigungsminister Donald Rumsfeld zusammen. Die beiden Gefährten hatten sich mit Kongressabgeordneten zum Frühstück getroffen, um sie von der Notwendigkeit höherer Rüstungsausgaben zu überzeugen. Was dann geschah, hat der stellvertretende Verteidigungsminister später dem Reporter Sam Tanenhaus erzählt. Zunächst kam die Meldung, zwei entführte Flugzeuge seien in den Nordturm und in den Südturm des World Trade Center in New York gekracht. Das Fernsehen zeigte erste Bilder. Gegen 9.43 Uhr spürten die Pentagon-Mitarbeiter plötzlich eine Erschütterung. Wolfowitz: «Meine erste Reaktion war: ein Erdbeben.» Rumsfeld sah «Zusammenhänge mit New York».

Die Flure im Pentagon waren voller Qualm. Wolfowitz rannte dem Rauch und den Flammen entgegen. Er hechtete ins Chaos wie in ein warmes Bad. «Das war eine Erfahrung, die ich nie vergessen werde.» Ein Teil des Pentagon brannte. Überall Trümmer, Verletzte und Tote. 125 Mitarbeiter kamen bei dem Anschlag ums Leben. Wolfowitz wurde rasch in einen Atomschutzbunker gebracht, eine «bizarre Unterkunft», wie er fand.

Eigentlich hatte er so etwas immer erwartet. Die Katastrophe. Die totale Katastrophe. Seit Jahrzehnten hatte er gepredigt, dass eines Tages etwas Ungeheuerliches passieren könne. Etwas, das sich Menschen nicht vorstellen wollen, weil es so schrecklich sein werde. Es liege in der Natur des Menschen, sich die Welt schönzureden, aber die Gefahr sei allgegenwärtig. Noch kurz bevor Flug AA 77 ins Pentagon gelenkt wurde, hatte er vor den Kongressleuten seine Schreckensvisionen ausgemalt. Pearl Harbor hätten damals auch alle für unvorstellbar gehalten.

Mit seinen ständigen Erzählungen von Pearl Harbor hatte er am Ende selbst die Mitarbeiter des Pentagon genervt. Immer diese Geschichte, als wenn man sie nicht gekannt hätte. Als «Day of Infamy» (Tag der Niedertracht) hat sich der 7. Dezember 1941 ins Gedächtnis der Amerikaner eingebrannt. An diesem Tag griffen japanische Kampfflugzeuge und U-Boote ohne vorherige Kriegserklärung den Militärstützpunkt Pearl Harbor auf Hawaii an und zerstörten einen Großteil der dort versammelten Pazifikflotte. Niemand in der Regierung habe damals damit gerechnet. Die Geheimdienste hätten nicht gewarnt, die Militärs hätten es nicht für möglich gehalten, so Wolfowitz im Juni 2001 vor Kadetten der Militärakademie West Point. Im Leben gebe es viele Überraschungen, es überrasche ihn nur, «dass wir uns immer noch überraschen lassen».

«Nichts glauben freilich Zeitgenossen abergläubischer, als dass ihre Zeit keine Epoche sei unter den besonderen Bedingungen sozialer und geistiger Widersprüche, sondern ein politisch pervertiertes Jüngstes Gericht; dass sie kein Übergang sei, sondern ein Abgrund; dass sie keine Verwandlung sei, sondern ein Untergang», schrieb der Bloch-Schüler Joachim Schumacher vor mehr als drei Jahrzehnten in seinem Werk «Die Angst vor dem Chaos. Über die falsche Apokalypse des Bürgertums». Schumacher zeigt, in welcher Weise Endzeitvorstellungen das Selbstgefühl formen können. Wolfowitz braucht die Vorstellung von der Apokalypse wie ein Junkie den Schuss.

Immer hatte er mit dem Allerschlimmsten gerechnet, und jetzt, am 11. September, war es geschehen. Amerika war im eigenen Land angegriffen worden, und es hatte Tausende Tote gegeben.

81

Dass die Terrororganisation al-Qaida hinter dem Massenmord steckte, war rasch klar, aber Wolfowitz waren die Gotteskrieger des Osama Bin Laden als Feinde nicht bedeutend genug. Er zielte sofort Richtung Bagdad, und dafür war ihm jedes Mittel recht. Wolfowitz installierte eine Lügenfabrik, die Beweise gegen den Irak fabrizierte. Und er legte sich, wie Cheney, mit Colin Powell an, der nicht auf Kurs war. Kühn behauptete Wolfowitz, dass Bagdad auch schon hinter dem ersten Anschlag auf das World Trade Center im Jahr 1993 gesteckt habe, obwohl keiner der Ermittler je eine Verbindung hatte finden können. Ihm reichte als Beleg die Lektüre eines verschwörerischen Buches seiner Kollegin Laurie Mylroie vom American Enterprise Institute.

Wolfowitz hegte zudem die Vermutung, Saddam könne in dem Bombenanschlag von Oklahoma City im April 1995 verstrickt sein, bei dem 168 Menschen starben. Die Idee war ihm gekommen, weil sich der rechtsradikale Attentäter Timothy McVeigh auf seiner Website unter anderem über die Sanktionen und die Not irakischer Kinder geäußert hatte.

Wolfowitz hatte eine Saddam-Obsession.

Paul Wolfowitz, Inbegriff aller Falken, ist längst zur Projektionsfläche für Freund und Feind geworden. Die Neokonservativen bewundern ihn, er steht bei ihnen im Ruf, Genie und Machiavellist zu sein. Als «Velociraptor mongoliensis» hat ihn ein früherer Kollege beschrieben. Er sei ebenso «schlau, schnell, an die Gurgel gehend» wie jener aufrecht jagende Brutalo-Saurier, der vor 75 Millionen Jahren lebte und das größte Gehirn seiner Spezies besaß. Präsident George W. Bush nennt ihn verniedlichend «Wolfie».

«Kriegstreiber», «Kriegsgurgel» oder ein «Neoimperialist» ist er für seine Gegner. Zur Hegemonie Amerikas, zum präventiven Angriff, zum Alleingang hatte er sich schon bekannt, als das selbst in den USA noch als unschicklich galt. Amerika müsse so

82

mächtig werden wie noch nie in seiner Geschichte, um das Böse besser bekämpfen zu können, war stets seine Botschaft gewesen. Das Böse war für ihn nur ein anderes Wort für Saddam Hussein. Dass der Diktator eine Gefahr für die Welt darstelle, hatte Wolfowitz schon verkündet, als Washington und auch sein heutiger Chef Donald Rumsfeld das Regime in Bagdad noch als Bollwerk gegen den Iran hofierten. «Wir werden uns ihm früher oder später entgegenstellen müssen», schrieb Wolfowitz über Saddam Hussein, «und früher wäre besser.» Für ihn war der Herrscher aus Bagdad nie ein gewöhnlicher Diktator gewesen, sondern er hatte ihn immer für einen Tyrannen gehalten. Für einen Großverbrecher fast vom Format eines Stalin oder eines Hitler.

Der klein gewachsene Wolfowitz, Jahrgang 1943, ist ein harter, aber leiser Falke. Sein Vater, ein Mathematiker, der mit den jüdischen Eltern 1920 aus Polen in die USA eingewandert war, interessierte sich sehr für Gott, aber auch für die Welt. Schon als Jugendlicher redete sich Paul Wolfowitz daheim den Kopf über die große Politik rot. Er war hochintelligent und fix, er dachte schneller als die anderen. Er lernte fünf Sprachen, darunter Arabisch, studierte zunächst Mathematik und Chemie an der Cornwell University, aber mehr noch interessierte er sich für Geschichte und Politik. Sein Lehrer wurde der streng konservative Politologe Allan Bloom, der über die alten Griechen dozierte und für den Athen und Jerusalem die Wurzeln der Zivilisation waren. Bloom hatte fanatische Schüler um sich gesammelt. Seine Anhänger kleideten sich wie er, sie rauchten Marlboro wie er, sie diskutierten leidenschaftlich wie er. Bloom wetterte gegen die permissive Gesellschaft. Bloom war homosexuell. Zu den Freunden von Wolfowitz gehörten schon damals Francis Fukuyama, der später ein berühmter Politologe wurde und im Think Tank PNAC Wolfowitz unterstützte, sowie Abram Shulsky, der ihm 2002 half, die Kriegsgründe gegen den Irak zu destillieren.

83

Allan Bloom wiederum war ein Jünger des Philosophen Leo Strauss, und weil Strauss in Chicago lehrte, ging Wolfowitz nicht nach Harvard, sondern nach Chicago, wo der aus Deutschland geflüchtete jüdische Exilant dozierte.

Strauss ist einer der interessantesten und schwierigsten Philosophen des vergangenen Jahrhunderts, und er hatte in Chicago viele Jünger, die später einflussreich wurden. Strauss bewunderte den früheren britischen Premier Winston Churchill, der gegen Adolf Hitler aufgestanden war. Er verwendete für Hitler oder Stalin nicht den damals üblichen Begriff «Diktator», sondern sprach über «Tyrannen» und «Tyrannei».

Die Straussianer in Chicago interessierten sich nicht nur für die theoretische Durchdringung von Tyranneien, sondern auch für die praktische Auseinandersetzung mit ihnen, unter anderem durch den Einsatz von Geheimdienstarbeit. Sie kamen zu dem Schluss, dass Tyranneien mit den normalen Methoden nicht auszuforschen seien. Die Geheimdienste verwendeten gewissermaßen die falsche Linse. Weil sie die Welt aus der Perspektive der Demokratie sähen, kämen sie den Winkelzügen der Tyrannen nie auf die Schliche. Eine Melodie, die 2002, als sich die USA auf den Krieg gegen Saddam Hussein vorbereiteten, wieder erklang.

Als Wolfowitz nach Chicago kam, stand Strauss bereits kurz vor seiner Emeritierung. Deshalb hat er nur zwei Kurse bei Strauss belegt – über Plato und über Montesquieu. Sein eigentlicher Mentor war der Mathematiker und Politikwissenschaftler Albert Wohlstetter, den er 1965 in Chicago kennen lernte. Wohlstetter war als strategischer Kopf schon damals in seinen Kreisen eine Berühmtheit. Über die Verwundbarkeit der amerikanischen Nuklearstreitmacht hatte er viele Aufsätze geschrieben. «Kann sich Pearl Harbor wiederholen?», war sein Dauerthema. Der Professor dachte als einer der Ersten darüber nach, wie die USA im Kriegsfall nuklear angreifen könnten, ohne einen Gegenschlag befürchten zu müssen. «Dr. Strangelove» nannten ihn später seine Feinde, eine Anspielung auf den Stanley-Kubrick-Film «Dr. Seltsam oder wie ich lernte, die Bombe zu lieben», in dem die versehentliche Zündung der Atombombe zum Weltuntergang führt.

Nach einer Israelreise in den sechziger Jahren schlug Wohlstetter dem Studenten Wolfowitz ein Thema für die Doktorarbeit vor. Der Student sollte seine Dissertation über die Risiken der Verbreitung von Atomwaffen im Nahen Osten schreiben. Wolfowitz akzeptierte und fand ein Thema seines Lebens: der Nahe Osten und die Gefahr durch Massenvernichtungswaffen. Damals sorgte er sich recht hellsichtig, dass Israel als erste Nation Atomwaffen besitzen und die arabischen Feinde Israels nachziehen könnten.

1969 holten ihn Paul Nitze und Dean Acheson, zwei Strategen des Kalten Krieges, nach Washington, in die Arms Control and Disarmement Agency. Er aber schrieb Studien und stellte Dossiers zusammen, um die Notwendigkeit des Raketenabwehrsystems ABM zu begründen. Bei der Abstimmung im Senat gewannen die Hardliner mit 51 : 50; Nitze schrieb später in seinen Memoiren, dass dieser Sieg auch Wolfowitz zu verdanken sei. Das junge Talent nahm einen Ruf in den Stab des demokratischen Senators Henry M. «Scoop» Jackson wahr, der in seiner Partei die Rolle des Rechtsaußen spielte. Scoop Jackson trat dafür ein, im Namen der Freiheit Kriege zu beginnen. Wolfowitz bezeichnet sich bis heute als «Scoop Jackson Republican».

Im Jahr 1976 wurde Wolfowitz angetragen, zu einem «Team B» zu stoßen, das der damalige CIA-Direktor George H. W. Bush installiert hatte. «Team B», dem zehn handverlesene Mitglieder angehörten, sollte einen eigenen Bericht über die militärische Stärke der Sowjetunion fertigen. Hinter dem Auftrag stand die Vermutung, die originären Geheimdienstexperten seien nicht kritisch genug, die Rüstungspläne der Sowjets korrekt wiederzugeben, und «Team B» kam denn auch zu dem erwarteten Ergebnis: Die Geheimdienste hätten die Gefahr kräftig unterschätzt. Die Nachrichtendienstler seien nicht skeptisch genug. Sie gäben sich vielmehr mit Erklärungen zufrieden, die eigene frühere Positionen bestätigten. Die CIA verlasse sich zudem zu sehr auf Satelliten und Abhörprogramme und es fehle an Agenten, die Material besorgten. Ähnlich hat Wolfowitz 26 Jahre später argumentiert, als er eine Spezialkommission im Pentagon einsetzte, die Argumente für den Irakkrieg finden sollte.

Wolfowitz verachtete Pragmatiker wie Henry Kissinger. Er warf ihnen Kompromisslertum vor, als sei «Kompromiss» ein anderes Wort für «Kapitulation». In seinen Memoiren über die Ära des US-Präsidenten Gerald Ford schrieb Kissinger später, es habe Kräfte gegeben, die versucht hätten, die Welt in Gut und Böse, in «einen Kampf zwischen Gott und Teufel» einzuteilen.

Als der Demokrat Jimmy Carter 1977 das Weiße Haus übernahm, kam Wolfowitz ins Verteidigungsministerium. Verteidigungsminister Harold Brown gab ihm den Auftrag, eine Studie über Bedrohungspotenziale zu fertigen. Zunächst verlief sein Szenarium in gängigen Bahnen. Die Sowjets könnten versuchen, die Ölfelder am Persischen Golf zu erobern. Davor hatten schon andere vor ihm gewarnt. Dann aber warf er eine Frage auf, die vor ihm noch keiner gestellt hatte: Was wäre, wenn eine andere Nation die Vorherrschaft in dieser Region gewinnen wollte? So könnte der Irak Kuwait und Saudi-Arabien überrollen. Die USA müssten sich darauf vorbereiten, eine solche Invasion zu verhindern. «Es ist wahrscheinlich», schrieb Wolfowitz, «dass wir mit dem Irak zunehmend Probleme bekommen werden.» Brown ordnete an, das Papier unter Verschluss zu halten, es dürfe nicht veröffentlicht werden.

Ende 1979, ein Jahr vor der nächsten Präsidentenwahl, wurde

Wolfowitz von einem Freund, der Republikaner war, die Auffor-
derung übermittelt, die Regierung Carter zu verlassen: «Wir brauchen dich in der neuen Regierung.»

Ronald Reagan kam an die Macht und entwickelte außenpolitisch bald die apokalyptische Vision vom «Kampf des Guten gegen das Böse». In einem «künftigen Raketenkrieg handelt es sich
darum, dem sowjetischen Huhn den Kopf abzuschlagen», sagte
Reagan oder: «Es gilt, den Kommunismus zu erledigen.» Wolfowitz war begeistert.

In der neuen Regierung war er zunächst Chef des Politik-Pla-
nungsstabes im Außenministerium. Ein Jahr später, 1982, wurde
er als Staatssekretär verantwortlich für Ostasien-und Pazifikfra-
gen. In Washington stellte er sich ein neues Team zusammen. Aus
Philadelphia beispielsweise holte er den Anwalt Lewis «Scooter»
Libby in sein Team, den er aus Yale kannte. Libby machte fortan
Karriere und blieb immer in enger Verbindung mit Wolfowitz. Im
Jahr 2001 ist er Stabschef von Vizepräsident Dick Cheney geworden, und in den Tagen der Irakkrise arbeitete er wie Wolfowitz
auf den Krieg hin. Aus Chicago kam der gebürtige Afghane Zalmay Khalilzad, der ebenfalls bei Wohlstetter studiert hatte und
später für Wolfowitz ein Grundsatzpapier über die amerikanische
Hegemonie schreiben und dann die Lösung im Irak mit vorbereiten sollte.

Die Reagan-Ära hat die Wolfowitz-Truppe geprägt. Die Vorstellung, dass es einen Hort des Bösen gab und Amerika die Welt
aus der Finsternis führen musste. Überall. «Als ich den Job eines
Außen-Staatssekretärs hatte, war Japan die einzige Demokratie in
Ostasien», hat Wolfowitz später gesagt. «Danach folgten Korea,
Taiwan und die Philippinen.» 1986 wurde er US-Botschafter in
Indonesien. Drei Jahre später holte ihn Dick Cheney, Verteidigungsminister der frisch installierten Regierung George Bush senior, ins Pentagon. Wolfowitz wurde erneut Staatssekretär und

Leiter der 700 Mitarbeiter zählenden Abteilung Verteidigungspolitik. Damit war er der drittwichtigste Mann im Pentagon.

Sein Fleiß war Legende. Die Sekretärinnen arbeiteten in zwei Schichten für ihn. Die erste begann um acht Uhr morgens und endete um 16 Uhr, die zweite arbeitete bis Mitternacht. Manchmal, berichteten Mitarbeiter, sei Wolfowitz hinter den aufgetürmten Akten nicht mehr zu sehen gewesen. Paul Wolfowitz hat über die Erfolge seiner Arbeit sein Leben definiert. Einer aus der zweiten Reihe, den der Ehrgeiz nach vorne trieb. Von seiner Frau lebt er getrennt, er hat drei erwachsene Kinder. Seine Aufgabe, sagt er, sei es, «die Ungewissheit zu managen». Der CIA-Analyst Jack Davis schrieb über ihn: «Seiner Ansicht nach darf sich kein ernsthafter Politiker erlauben, auch nur eine zehnprozentige Chance zu ignorieren, die größten Einfluss auf die Vereinigten Staaten haben könnte.»

Als Saddam Hussein im August 1990 Kuwait überfiel, war Wolfowitz – anders als seine Kollegen im Pentagon – nicht überrascht. Cheney nahm ihn mit nach Riad. Der Verteidigungsminister musste die Saudis dafür gewinnen, US-Truppen ins Land zu lassen. Amerikanische Truppen im Land der heiligen Stätten des Islam – das war später einer der Gründe, warum Osama Bin Laden seinen Terrorkrieg begann und bei Fundamentalisten Verbündete fand. Wolfowitz, dessen Schwester in Israel lebt, reiste damals auch mit dem stellvertretenden Außenminister Lawrence Eagleburger nach Tel Aviv, um die Israelis davon zu überzeugen, dass sie auf die zu erwartenden Angriffe Saddam Husseins mit Al-Hussein-Raketen nicht mit eigenen Schlägen antworten sollten. Der Krieg Anfang 1991 war dann kurz und das Ende für Leute wie Wolfowitz und Libby enttäuschend.

Der amerikanische Literaturnobelpreisträger Saul Bellow hat Anfang 2000 den biographischen Roman «Ravelstein» veröffentlicht. Er handelt von einem elitären Lehrer und seinen Anhängern, einer exklusiven Gemeinschaft im Geiste, die glaubt, den Weltenplan durchschaut zu haben. Mit Ravelstein ist kein anderer als Allan Bloom gemeint, jener Politologe, der den jungen Studenten Wolfowitz in Cornwell unterrichtet hatte. Für Blooms Bestseller «The Closing of the American Mind» (deutsch: «Der Niedergang des amerikanischen Geistes») hatte Bellow das Vorwort geschrieben. Blooms Streitschrift – in Deutschland kaum beachtet – formulierte einen ungeheuren ethischen Anspruch, nach dem es einen Teil Amerikas am Ende der achtziger Jahre offenbar heftig verlangte.

Ravelstein hat wie Bloom zahlreiche Schüler um sich geschart, und noch mehr von ihnen agieren in der Welt draußen: «Aus Ravelsteins Schülern waren Historiker, Lehrer, Journalisten, Experten, Beamte und Männer in den Denkfabriken geworden.» Alle zusammen bilden eine Art ewiges platonisches Symposium. Die Schüler denken nicht nur wie ihr Meister, sie übernehmen auch seinen Stil. Während eines Basketball-Endspiels, das er mit seinen Studenten bei angelieferter Pizza verfolgt, erfährt Ravelstein von einem seiner Schüler exklusiv aus Washington, dass der Krieg um Kuwait zu Ende ist: «Colin Powell und James Baker haben dem Präsidenten geraten, die Truppen nicht bis Bagdad zu schicken. Bush wird es morgen verkünden. Sie fürchten Verluste.» Dann folgt die Klage eines Mannes, dem eine übersichtliche Weltanschauung über alles geht. «Da schicken sie eine ungeheure Armee und führen das Modernste an High-Tech-Kriegsspielzeug vor, dem leibhaftige Menschen nichts entgegenzusetzen haben. Aber dann lassen sie den Diktator ungeschoren und machen sich heimlich davon...»

Saul Bellow war als Mitglied des Committee on Social Thought an der Universität Chicago ganz in der Nähe, als sich dort aus Seminaren über Platos «Symposium» und Rousseaus «Émile» die Philosophie einer neuen Weltordnung herauskristallisierte. Interessant ist die Verachtung, mit der seine Figuren, konservative (oder eher rechte) Intellektuelle, von der Politik und von den Politikern sprechen. Im besten Fall gehen sie als Agenten des Weltgeistes durch, als Werkzeuge von Intellektuellen, die an Werten festhalten, die diese aus der Lektüre von Plato und Montesquieu geschöpft haben. Ihnen kommt es darauf an, heißt es bei Bellow über Ravelsteins Politikverständnis, die «Entscheidungen, die offensichtlich beschränkte Politiker wie Bush und Baker getroffen hatten, in ein möglichst naturgetreues Bild der herrschenden Mächte einzupassen, in die politische Geschichte der Zivilisation».

Das Bild, das Bellow hier zeichnet, trifft ziemlich genau den Ursprung und Charakter jenes Sendungsbewusstseins, aus dem die Neokonservativen und ihre konservativen Mentoren ihre Weltsicht und ihr Selbstgefühl beziehen: Sicher ist für Politiker wie George W. Bush, um bei Bellows Beispiel zu bleiben, eine Rolle im intellektuellen Heilsplan vorgesehen. Die gedankliche Anstrengung zu seiner Durchdringung aber wird von anderen geleistet, von jenen, die zwar in der zweiten Reihe stehen, aber wissen, worum es geht: Männer wie Wolfowitz oder Libby.

Tatsächlich hatten Wolfowitz, der zu den Strategen des Golfkriegs zählte, und Libby in der wirklichen Welt zur Bereinigung der Irakkrise eine «Operation Skorpion» entwickelt. Danach sollten amerikanische Truppen von Saudi-Arabien aus einen Teil des Irak besetzen; irakische Einheiten, die etwa gegen die Amerikaner anrücken würden, sollten aus der Luft bombardiert und vernichtet werden. Die irakische Opposition sollte Zeit bekommen, sich zu etablieren. Aber die Generäle in Washington unter Colin Powell lehnten ab. Wolfowitz nahm an der Siegesparade auf dem Broadway nicht teil.

Amerika habe sich zu schnell zurückgezogen, sagte Wolfowitz später in einem Vortrag: «Wir haben aus der Vergangenheit nichts gelernt.» Nach dem Ersten Weltkrieg hätten die westlichen Demokratien ihre Truppen nach Hause geholt und die Militäretats zusammengestrichen. Diese «Demobilisierung» habe Hitler den Weg frei gemacht. Nach dem Zweiten Weltkrieg seien die Vereinigten Staaten fünf Jahre lang die stärkste Militärmacht der Welt gewesen. Dann sei das Militärbudget gekürzt worden, und es habe kaum noch dazu gereicht, den Koreakrieg zu gewinnen.

Wolfowitz' Helfer Zalmay Khalilzad verfasste im Frühjahr 1992 – wieder ein Wahljahr – das Strategiepapier «Defense Planning Guidance». Darin wird eine neue Weltordnung beschrieben, in der die Vereinten Nationen keine große Rolle mehr spielen. Im Zentrum steht Amerika: als Wächter und Rächer zugleich. Eine Macht, die keine andere neben sich duldet. Einzelheiten dieses Dokuments hatte Khalilzad mit Wohlstetter besprochen. Bis heute wird es mit dem Namen Wolfowitz verbunden, aber der smarte Hardliner hat es erst gelesen, als es durch eine Indiskretion in der *New York Times* erschien und viel Ärger machte. Wolfowitz und auch Libby fanden das Papier keineswegs überzeugend – es ging ihnen in wichtigen Passagen nicht weit genug.

Nachdem der Demokrat Bill Clinton die Wahl gegen Bush senior gewonnen hatte, schied Wolfowitz Anfang 1993 aus der Regierung aus. Er wurde von Freunden gedrängt, Investmentbanker zu werden – mit seinen Verbindungen zum Pentagon hätte er rasch sehr reich werden können –, doch er lehnte ab. Er übernahm zunächst eine Professur am National War College, einer Eliteschule für den Kommandeursnachwuchs der US-Armee, und kehrte dann an die Johns Hopkins University zurück, wo er schon 1981 kurz gelehrt hatte. Er wurde Dekan und dozierte über internationale Beziehungen. In einem Essay für das konservative Blatt *The National Interest* legte Wolfowitz seine Vision von Allianzen dar: «Unsere Freunde werden beschützt werden, unsere Feinde bestraft. Und jene, die Unterstützung verweigern, werden bedauern, so gehandelt zu haben.»

Im Wahlkampf 2000 lernte Wolfowitz George W. Bush kennen. Dem Präsidentschaftskandidaten war noch vieles fremd, was den Politprofis in Washington geläufig war, aber er hörte zu. «Wenn ich überhaupt eine Gabe habe, dann ist es die Fähigkeit, Talente zu erkennen, sie zur Mitarbeit einzuladen und mit ihnen als Team zusammenzuarbeiten», hat Bush sich einmal selbst charakterisiert. Wolfowitz fühlte sich an seine politische Vaterfigur Scoop Jackson erinnert. Wenn Bush von etwas überzeugt sei, dann marschiere er, sagte Wolfowitz.

Nach dem Sieg von Bush glaubten einige seiner Freunde, er werde jetzt zum Verteidigungsminister aufsteigen. Doch Wolfowitz ist der typische zweite Mann – der wohl einflussreichste Handlanger in der jüngeren amerikanischen Geschichte. Gerne wäre er stellvertretender Außenminister geworden, doch Colin Powell lehnte ab. So wurde er stellvertretender Verteidigungsminister.

Seit mehr als dreißig Jahren machte Wolfowitz Politik, und immer war er auf Kurs geblieben. Mit Donald Rumsfeld verstand er sich; die Arbeitsteilung funktionierte sofort. Während der Verteidigungsminister den Generalmanager spielte und das Rampenlicht suchte, durfte Wolfowitz machen, was ihm wichtig war – die langfristigen Politikentwürfe. Im Büro von Wolfowitz hängt ein Foto, das ihn zwischen Dick Cheney und Donald Rumsfeld zeigt. Unter dem Foto steht: «Paul, wer ist der beste Verteidigungsminister, für den du je gearbeitet hast? Dick.»

Dann kam der 11. September. Als Bush vier Tage später mit Geheimdienstlern und den wichtigsten Ministern in Camp David zusammenkam, war auch Wolfowitz dabei. Der Reporter Bob Woodward hat die Szene in dem Buch «Bush at War» beschrieben. Der Kampf der Tauben gegen die Falken war in vollem Gange. Powell gegen Wolfowitz. Schon zwei Tage zuvor waren sie aneinander geraten. «Es geht vor allem darum», hatte Wolfowitz gesagt, «den Staaten, die den Terrorismus unterstützen, ein Ende zu machen.» «Ending states», das klang sehr bedrohlich. «Dem Terrorismus ein Ende machen, dabei würde ich es belassen. Ansonsten spricht Mr. Wolfowitz nur für sich selbst», hatte Powell geantwortet.

Nun, beim Kriegsrat in Camp David, erklärte der Präsident Woodward zufolge, er wolle sich die Bedingungen für den Krieg gegen den Terrorismus nicht von anderen Ländern diktieren lassen. «Es kann sein, dass wir irgendwann als Einzige übrig bleiben. Ich habe nichts dagegen. Wir sind Amerika.» Powell sagte wenig. Wolfowitz nutzte seine Chance und setzte zu einem Monolog an, den Woodward so wiedergibt: Ein Angriff auf Afghanistan sei eine unsichere Sache. Der Irak hingegen sei ein brüchiges Unterdrückungsregime, das leicht zu Fall zu bringen sei. Er schätze die Wahrscheinlichkeit, dass Saddam in die Anschläge vom 11. September verwickelt sei, auf zehn bis fünfzig Prozent. Wenn der Krieg gegen den Terrorismus ernst genommen werden sollte, müssten die Vereinigten Staaten irgendwann Saddam angreifen.

Bekanntlich setzten die Falken sich durch; systematisch wurde eines der Leitmotive vieler geostrategischer Szenarien und Analysen zum Kriegsgrund aufgebaut, das auch Wolfowitz' Denken stets bestimmt hatte: der Drang des Tyrannen zu Massenvernichtungswaffen.

Nach dem Krieg – das Magazin *Time* hatte ihn inzwischen zum «Gottvater des Irakkriegs» ernannt – erzählte Wolfowitz dem Gesellschaftsblatt *Vanity Fair* nonchalant, der Krieg sei keineswegs in erster Linie wegen der Massenvernichtungswaffen geführt worden. Für ihn habe es drei Gründe für den Angriff gegeben. Erstens Massenvernichtungswaffen, zweitens die Unterstützung der al-Qaida durch Bagdad, drittens die kriminelle Behandlung des irakischen Volkes. Ihm persönlich hätte Grund drei gereicht, aber die amerikanische Bevölkerung wäre damit allein für einen

Krieg nicht zu gewinnen gewesen. Punkt zwei wiederum sei in der Regierung umstritten gewesen. «Aus bürokratischen Gründen» habe man sich also auf das Thema Massenvernichtungswaffen verständigt.

Anfang Februar 2004 flog Wolfowitz von Würzburg, wo er eine Infanteriedivision besucht hatte, nach Bagdad. Der Irak sei «sicherer für unsere Kinder geworden», hatte er vor dem Abflug gesagt. An jenem Tag, als er in Bagdad eintraf, starben im Irak bei Bombenanschlägen mehr als hundert Menschen. Ist die Welt wirklich sicherer geworden? Der klügste der Falken sieht eine andere Wirklichkeit.

Der Einpeitscher – Richard Perle

Hard Line» lautet der Titel eines Schlüsselromans über den Kalten Krieg, der 1992 in den USA erschien. Der Held der Story ist ein Harvard-Professor namens Michael Waterman, in den achtziger Jahren Abteilungsleiter im Verteidigungsministerium. Die Handlung erzählt von Watermans unermüdlichem Kampf gegen die sowjetische Gefahr – und gegen die ihm verhassten Realpolitiker im Außenministerium, die die Bedrohung nicht klar genug sehen. Der «Schurke» des Stücks, Watermans Gegenspieler im State Department, heißt Daniel Bennet, ist politisch blauäugig und ein arger Intrigant. Ein Abrüster, einer der feigen Vertreter der Appeasement-Politik. Beinahe gelingt es Bennet und dessen Chef Anthony Winthrop, dem Außenminister, sogar den starken Ronald Reagan einzuwickeln. Doch Waterman ist wachsam. Als ein Informant ihm mitteilt, dass die Sowjets einen Teil ihres Raketenarsenals verstecken wollen, nutzt er die Information, um den Präsidenten wieder auf Kurs zu bringen: «Der Präsident begriff, dass es nötig war, die Legitimität des kommunistischen Regimes anzugreifen. Rede für Rede nannte er das Sowjetreich böse. Das State Department wollte stillhalten und verhandeln.» Doch damit ist es nun vorbei. Das Happy End im Roman wie im wirklichen Leben: Die Sowjets verlieren den Rüstungswettlauf.

Autor des Buches ist Richard Perle, seine Hauptfigur ist Richard Perle. Seit gut drei Jahrzehnten bewegt er sich im politischen Dschungel von Washington. Ein ewiger Kampf: Falken gegen Tauben, Hardliner gegen Entspannungsnaivlinge. In der amerikanischen Hauptstadt, erfährt der Leser seines Buches, sind «Stadtguerilleros in dunklen Anzügen» unterwegs, die «nicht mit AK-47-Gewehren kämpfen, sondern mit Memoranden, Positionspapieren, Sprachzetteln und verstohlenen Tipps für die Presse». Wer Perles Weltsicht folgt, sieht auf einmal überall Verräter und Weicheier, Feiglinge, die es aufrechten Männern schwer machen, für Freiheit und Gerechtigkeit einzutreten.

Da muss hart ausgeteilt werden, gerade im wirklichen Leben: Perle ist der *bad guy*, eine Art Ein-Mann-Propagandaschlachtschiff der Neokonservativen. Bei jeder Keilerei ist er dabei. Auf Veranstaltungen wird er gerne als «Fürst der Dunkelheit» vorgestellt, was Perle keineswegs unangenehm ist. Und es spricht sich herum. «Ach, da ist ja der Prince of Darkness», sagte Bundesaußenminister Joschka Fischer, als er Perle bei einem Spaziergang am Comer See begegnete. Der Prinz war nett zu dem Grünen, der schließlich auch einmal auf den Barrikaden gestanden, aus Sicht von Perle den Kampf allerdings längst aufgegeben hat. Perle hält sich für einen Revoluzzer.

Überhaupt die Deutschen: In der Talkshow «Sabine Christiansen» erklärte Perle kurz vor dem Irakkrieg ernsthaft, die Bundesregierung und «insbesondere der Bundeskanzler» hätten mit ihrer Weigerung, sich am Krieg zu beteiligen, eine «sehr extreme Position» bezogen. Für bessere Beziehungen zwischen den beiden Ländern brauche es in Deutschland einen Regierungswechsel, hatte er zuvor in einem Interview gesagt. Deutschland sei «irrelevant» geworden.

Perle vermeidet es, selbst politische Verantwortung zu tragen. Aber er will die Welt verändern. Bomben auf nordkoreanische Atomanlagen? Sofort. Sturz der Führung in Saudi-Arabien? Ja. Syrien? Isolieren. Die totale Hegemonie Amerikas ist für ihn nur ein anderer Begriff für das Wort Freiheit. Er glaubt nicht an Verträge und Kompromisse, verachtet UN-Vertreter und setzt auf Kampf. Zeitweilige Bündnisse zwischen Staaten akzeptiert er. «Es ist schön und gut, andere Länder auf unserer Seite zu haben, aber Krieg wird nicht mit Händeschütteln geführt. Hätten wir das mit Hitler getan, würden wir heute alle Deutsch sprechen.» Er gibt vor, den alten Menschheitstraum vom Triumph des Guten über das Böse zu träumen. Einen Präventivkrieg gegen den Irak hat er schon gefordert, als George W. Bush noch Geschäftsmann in Texas war. Bei allem, was er sagt, tritt Perle auf, als habe er die Geschichte und die Wahrheit auf seiner Seite. Tatsächlich ist es schwierig, zu unterscheiden, von welchen seiner Glaubenssätze er überzeugt ist und welche er nur benutzt. Beides geht nahtlos ineinander über.

Der Lebensweg des 1941 geborenen Richard Perle zeigt viele Parallelen zu dem seines Freundes Paul Wolfowitz: Auch Perles Großeltern waren jüdische Einwanderer aus Osteuropa, auch er verlebte seine Kindheit in New York. Beide arbeiteten sie für den demokratischen Senator Henry «Scoop» Jackson, beide waren glühende Antikommunisten. Perle wurde Verfechter des Wettrüstens, er arbeitete in unterschiedlichen Abteilungen des Verteidigungsministeriums und war in den achtziger Jahren einer der engsten Vertrauten des Hardliners und damaligen Verteidigungsministers Caspar Weinberger. Die Hamburger *Zeit* bescheinigte ihm schon damals, «Diplomatie mit dem Revolver an der Schläfe» zu bevorzugen. 1987 verließ er die Regierung und kehrte nie mehr in ein offizielles Regierungsamt zurück. Perle entwickelte für den konservativen Think Tank American Enterprise Institute Politikstrategien und trat in Washington als Lobbyist auf. Das Metier war ihm vertraut. Schon als junger Mann hatte er kurzzeitig für einen US-Konzern, der Antiraketenraketen entwickelte, als Interessenvertreter gearbeitet.

Perle wird «Fürst der Dunkelheit» genannt, weil er im Hintergrund agiert. Geschickt vermag er es, Politik und Wirtschaft miteinander zu verknoten. Perle hat – wie Wolfowitz – viele Verbindungen nach Israel. Eine Zeit lang war er Chairman und Geschäftsführer des Medienkonzerns Hollinger Digital Inc. und Direktor der konservativen *Jerusalem Post*. Er ist Berater der proisraelischen Foundation for Defense of Democracy (FDD), die Strategien gegen den Terror entwickelt. Auch tritt er für das Jewish Institute of National Security Affairs (Jinsa) auf.

1996 entwarf Perle im Institute for Advanced Strategic and Political Studies (ASPS), einem israelischen Think Tank, eine Strategie für den Nahen Osten, die unter anderem einen Machtwechsel im Irak vorsah. Auch der Anwalt Douglas Feith, der früher zum Stab von Perle gehört hatte und in der ersten Amtszeit von Reagan dem Sicherheitsberater Richard Allen zur Seite stand, hatte an dem Papier mitgeschrieben. Die ASPS-Vorlage diente als strategischer Leitfaden für den damaligen israelischen Premier Benjamin Netanjahu und hieß «A Clean Break: A New Strategy for Securing the Realm». Es stimmte mit den Positionen der konservativen israelischen Likud-Partei überein. «A Clean Break» («Ein sauberer Schnitt») sah neben dem Sturz Saddam Husseins unter anderem vor, mehr Unterstützung für Israel im US-Kongress zu mobilisieren, um gegen die Feinde Israels im Nahen Osten vorzugehen. Syrien sollte isoliert werden. Im Irak sollte eine haschemitische Monarchie im Stile Jordaniens installiert werden.

Nach dem 11. September hat Wolfowitz intern Druck gemacht, sein Freund Perle trommelte gemeinsam mit dem ehemaligen CIA-Chef James Woolsey draußen für den Irakkrieg. Die Rollenverteilung war perfekt. Das Außenministerium verfolgte die Aktivitäten Perles mit Misstrauen. Powells Leute spotteten bisweilen über den «unbezahlbaren Ratgeber».

Selbstlos ist Perle wahrlich nicht. In verschiedenen Rollen taucht er seit etlichen Jahren im Umfeld von High-Tech- und/oder

Waffenfirmen auf, die mit der US Army und der US Navy zusammenarbeiten. 1983, Perle war noch Assistent im Verteidigungsministerium, enthüllte die *New York Times*, dass die US-Armee von einer israelischen Firma Waffen gekauft habe, deren Eigentümer Perle zwei Jahre zuvor 50 000 Dollar Provision hatten zukommen lassen. Perle reagierte schon damals wie ein alter Politprofi; er könne keinen Interessenkonflikt erkennen. Er erklärte lapidar, das Geld habe er zu einem Zeitpunkt erhalten, als er noch nicht im Verteidigungsministerium angestellt gewesen sei. «Wo ist das Problem?»

Von 1989 bis 1994 war Perle für 48 000 Dollar jährlich Berater der US-Firma International Advisors Incorporated (IAI), deren wichtigster Handelspartner die türkische Regierung war. Die Firma war 1989 von Freund Feith mit dem Ziel des «Verkaufs von amerikanischer Militärausrüstung an die Türkei» gegründet worden. Ebenjener Feith wurde dann später mit Hilfe von Perle in der Regierung George W. Bush dritter Mann im Pentagon. Ein Netz mit vielen Spinnen.

Im März 2003, ein paar Tage vor dem Beginn des Irakkrieges, erschien im *New Yorker* eine Geschichte des Enthüllungsreporters Seymour Hersh über die Geschäfte des Richard Perle. Hersh betreibt Journalismus wie Archäologie, er gräbt unter der Oberfläche. Unter anderem hat er geheime Machenschaften der CIA in vielen Ländern aufgedeckt. Schon des Öfteren hatte er auch Perle ins Visier genommen. Diesmal berichtete er darüber, dass Perle von einem Krieg gegen Saddam profitieren könnte, weil er Teilhaber einer Investmentfirma sei, deren Engagement im Bereich von Technologien lägen, die im Irak gebraucht würden. Auf Vermittlung des Waffenhändlers Adnan Kashoggi habe sich Perle kürzlich in Marseille mit saudi-arabischen Investoren getroffen, die Geschäfte im Irak machen wollten, wenn der Krieg vorbei sei.

Zwei Firmen, hinter denen Investoren aus China und Singapur

standen, boten Perle außerdem 725 000 Dollar, wenn er bei einem Deal der in Hongkong ansässigen Firma Hutchison Whampoa behilflich sein könne. Die Firma, die dem berühmten Milliardär Li Ka Shing gehört, der in Deutschland an der Übernahme von Mannesmann durch Vodafone innerhalb weniger Monate zehn Milliarden Mark verdiente, wollte die US-Firma Global Crossing übernehmen. Das Unternehmen verfügte über große Glasfasernetze, die auch vom amerikanischen Militär genutzt werden. Perle war bei Global Crossing Berater, seine intimen Kenntnisse sollten beim Kauf von Nutzen sein.

Perles diskrete Geschäfte wurden in Washington zum Thema. Er verstieg sich zu der Erklärung, Hersh übe sein Gewerbe beinahe wie ein Terrorist aus: «Seymour Hersh is closest thing America has to a terrorist.»

«Wir sind in diesem Land an einem Punkt angelangt, an dem bestimmte Kreise dich ganz wunderbar finden, solange du ihre Pläne unterstützt. Wenn du allerdings anderer Meinung bist, dann bist du nicht nur ein Andersdenkender, sondern ein Verräter», konstatiert Hersh. In Bezug auf Perle wird er wohl Recht haben. «Wir», sagt Perle, wenn er bei Besuchen in Berlin oder Paris über sich und die USA spricht. «Wir gegen die», das war stets seine Art, die Welt zu sortieren. Manchmal ist der «Fürst der Dunkelheit» wirklich zum Fürchten.

Der Manager des Kriegs –
Donald Rumsfeld

Im Herbst 1976 war das Pharma-Unternehmen G. D. Searle & Co. aus dem US-Bundesstaat Illinois am Tiefpunkt seiner Geschichte angelangt. Die seit Jahrzehnten von der Familie Searle geführte Firma, die mit der ersten Antibabypille «Enovid» viel Geld verdient hatte, war infolge ihres Expansionskurses zu schwerfällig geworden; es fehlte ein Konzept für die Sanierung und eine Vision für die Zukunft. Der Wert der Searle-Aktie war von 110 auf 12 Dollar abgestürzt, der Unternehmensgewinn um 23 Prozent gefallen. In dieser Bredouille traf der Searle-Clan eine Personalentscheidung, die nach Meinung vieler den Untergang des Chemiebetriebs noch beschleunigen würde: Ein 44 Jahre alter Politiker namens Donald Rumsfeld, dessen Wahlkämpfe Searle mitfinanziert hatte, sollte den obersten Managerposten des Chief Executive Officer (CEO) bekommen.

Rumsfeld hatte einst zu den jungen Stars der Republikanischen Partei gehört. Mit Anfang dreißig war er erstmals als Abgeordneter von Illinois in den Kongress gewählt worden, mit Anfang vierzig war er Stabschef von Präsident Gerald Ford im Weißen Haus geworden und anschließend dessen Verteidigungsminister. Er sah gut aus, war ein souveräner Redner und strotzte vor Selbstvertrauen. Manche unter den Republikanern meinten, er habe durchaus das Zeug, um eines Tages selbst Präsident zu werden. Aber konnte und sollte so einer Vorstandsvorsitzender eines taumelnden Pharma-Unternehmens werden?

Ford hatte gerade die Wahl gegen den Demokraten Jimmy Carter verloren; in Washington würden Rumsfeld öde Jahre in der Opposition erwarten. Rumsfeld nahm die Offerte an und entpuppte sich bei Searle als gnadenloser Sanierer. Er trennte sich von allem, was nicht zum Kerngeschäft gehörte. Und er feuerte mehr als die Hälfte der Belegschaft. Manchmal rief er Mitarbeiter zu Hause an oder ließ sie gar am Flughafen ausrufen, um ihnen mitzuteilen, dass sie entlassen seien.

«Wenn er nur vorbeiging, hörte man, wie den Leuten schon die Knie schlotterten», sagte ein Mitarbeiter. Einem übergewichtigen Manager soll der asketische Rumsfeld gedroht haben, ihm die Jahresgratifikation zu streichen, wenn er nicht abnehme. 1980 wurde Rumsfeld in dem Magazin *Fortune* zu einem der zehn härtesten Wirtschaftsbosse in den USA erklärt. Er sorgte dafür, dass Searle die lange verzögerte Zulassung des Süßstoffs «Aspartame» durch die Behörden bekam, was dem Unternehmen sehr half. 1980 und 1981 gewann er Preise als herausragender Manager in der Pharma-Branche, und als er Searle 1985 verließ, hatte sich der Aktienwert verfünffacht. Rumsfeld, der zusätzlich zu seinem Jahressalär von etwa 450 000 Dollar ein Aktienpaket bekommen hatte, wurde ein reicher Mann

Rumsfeld, der in den neunziger Jahren noch zwei weitere Unternehmen führte und in mindestens einem halben Dutzend Aufsichtsräten saß, gab im Jahr 2002 sein Vermögen mit 62 bis 115 Millionen Dollar an. Schätzungen zufolge könnten es auch 200 Millionen sein. Seit dem Rücktritt von Finanzminister Paul O'Neill ist er der reichste Mann im Kabinett George W. Bush.

Die größte Herausforderung aber stand Rumsfeld noch bevor, mehr als anderthalb Jahrzehnte nach seinem Rückzug bei Searle. Während der ersten Pressekonferenz von George W. Bush nach dem 11. September stand der Verteidigungsminister neben dem

Präsidenten, aufrecht, mit festem Blick. «Er war am Tag danach schon entschlossen, Saddam zu feuern», sagt ein hoher Geheimdienstler des Pentagon. Rumsfeld wollte diesen Krieg. Wenn er die Flure des Pentagon entlangschritt, vorbei an Kriegsfilmpostern, den gerahmten Zeitungstiteln über die beiden Weltkriege und die Schlachten in Korea und Vietnam, begegnete er den Porträts seiner Vorgänger, die auch große Kriege geführt hatten.

Donald Rumsfeld, Jahrgang 1932, ist von ziemlich weit unten aufgestiegen: «Eines der prägenden Ereignisse in meinem Leben war die Wirtschaftskrise. Ich bleibe immer noch stehen, um einen Cent aufzuheben. Das andere Ereignis war freilich der Zweite Weltkrieg», sagt er. Donalds Vater, ein Immobilienhändler, wurde 1943 von der Navy eingezogen und an wechselnden Orten im Land eingesetzt, die Familie zog ihm drei Jahre lang hinterher.

Nach dem Krieg kehrte die Familie in einen Vorort von Chicago zurück, und Donald Rumsfeld ging auf die High School. Während seine Klassenkameraden in Football- oder Basketball-Mannschaften spielten, entschied er sich für das Ringen, den sportlichen Kampf Mann gegen Mann. Rumsfeld gewann Meisterschaften an der Schule, später an der Universität Princeton, wo er Politik studierte, und anschließend bei der Navy in Florida, wo er zum Piloten ausgebildet wurde. Seine Freunde sagen, das Ringen passe ganz gut zu den Ansichten und Eigenschaften, die den Charakter Rumsfelds bis heute prägen. «Beim Wrestling geht der Zweite leer aus. Einer ringt mit dem anderen, und der Sieger kriegt alles», sagt sein ehemaliger Mitschüler Ned Jannotta.

Viele Etiketten kleben auf dieser Figur, besonders in Deutschland, dem Land seiner Vorfahren, das er unter Einschluss von Frankreich als «altes Europa» schmähte, nachdem Berlin und Paris den USA die Gefolgschaft in den Irakkrieg verweigert hatten. Viele Deutsche sehen in ihm das gängige Klischee vom schießwütigen Cowboy oder auch Rambo personifiziert. Ein Zerrbild, denn Rumsfeld ist eine durchaus vielschichtige Persönlichkeit und mit der Parallele zum Ringen allein auch nur unzureichend beschrieben.

Sicher, politisch war Rumsfeld immer konservativ, aber er war nie jener ultrarechte Militarist, den die Welt nach dem 11. September 2001 in ihm zu erkennen glaubte. Anfang der siebziger Jahre etwa, als seine politische Karriere steil nach oben führte, zeigte er sich als liberal denkender Pragmatiker, der die amerikanische Vietnampolitik derart beherzt in Frage stellte, dass Präsident Nixon drauf und dran war, seinen aufmüpfigen Berater hinauszuwerfen. Die Episode wurde auf den Tonbändern des Weißen Hauses festgehalten und unlängst von dem US-Autor James Mann in der Zeitschrift *Atlantic Monthly* erzählt. Für Nixon und seine Leute war Rumsfeld ein junger, allzu ehrgeiziger Opportunist, der sein Fähnlein in den Wind hängte, dem breiten Widerstand gegen den Krieg gefallen wollte. «Ich kann niemanden brauchen, der nur mit uns kämpft, wenn alles gut läuft», sagte Nixon. Rumsfeld habe zwar das Charisma, um einmal Präsident zu werden, «aber nicht das Rückgrat». Schließlich verzichtete er aber darauf, Rumsfeld zu entlassen.

Rumsfeld war damals vor allem an der Innenpolitik interessiert. 1969 hatte ihm Nixon die Leitung des Office of Economic Opportunity angetragen, eine von den Demokraten geschaffene Behörde zur Armutsbekämpfung. Zur Überraschung vieler Konservativer hielt Rumsfeld öffentlich Reden, die von einem Demokraten hätten stammen können. Er forderte mehr soziale Gerechtigkeit für die Armen und setzte sich für Bürgerrechte ein. Er bedrängte Nixon, ihm eine größere innenpolitische Rolle zu geben: «Wir müssen mit den Jungen, den Schwarzen und den Außenseitern reden, auch wenn sie uns nicht wählen.» Rumsfeld witterte offensichtlich die Chance, sich als moderate Ausnahme in einer sehr konservativen Regierung zu profilieren. Doch im Kabinett wurde für Rumsfeld keine Stelle frei.

Nixon empfahl ihm, sich mit Außenpolitik zu beschäftigen. Das verschaffe einem Politiker Respekt. Schließlich schickte er Rumsfeld 1973 als NATO-Botschafter nach Brüssel. Für Rumsfeld letztlich ein Glücksfall. Nicht, weil Brüssel wirklich wichtig war, sondern weil Brüssel weit weg lag von Washington – weit weg vom Watergate-Skandal. Nixon trat zurück, und sein Nachfolger Gerald Ford holte Rumsfeld zurück: erstens, weil dieser begabt war, zweitens, weil es nach Watergate nicht mehr so viele Politikmanager bei den Republikanern gab, die als integer galten.

Als Stabschef von Präsident Ford erwarb sich Rumsfeld den zweifelhaften Ruf eines kühl kalkulierenden Strippenziehers, der ohne Rücksicht seine Macht ausbaute. Man nannte ihn den «lächelnden Haldeman», in Anspielung auf «Bob» Haldeman, jenen Mann fürs Grobe, der an der Seite von Präsident Nixon gestanden hatte und dann für 18 Monate ins Gefängnis musste.

Im Herbst 1975, am Halloween-Wochenende, bildete Ford sein Kabinett um; Außenminister Henry Kissinger verlor seinen Posten als Nationaler Sicherheitsberater, gleichzeitig mussten der Verteidigungsminister und der CIA-Chef gehen. Neuer CIA-Chef wurde George Bush senior, der sich auf diesem Posten politisch abserviert sah, neuer Verteidigungsminister wurde Donald Rumsfeld. «Halloween-Massaker» wurde das große Feuern später genannt, und für viele stand fest, dass dahinter nur «Rasputin Rumsfeld», wie er auch genannt wurde, stecken konnte. Der Führungsstil des Duos Ford–Rumsfeld habe «Hass» erzeugt, sagten Insider später. Bush senior hat Rumsfeld nie gemocht.

Das «Massaker» hatte politische Gründe. Ehemalige Getreue Nixons sollten verschwinden. Der Stil aber, in dem es inszeniert wurde, nahm recht deutlich das Vorgehen Rumsfelds bei Searle vorweg. Rumsfeld habe es sich in der Politik angewöhnt, hieß es später in *Fortune*, «jeden auszuschnüffeln und zu zerstören, der nicht völlig auf der Höhe ist».

Nach der Wahlniederlage Fords dauerte es mehr als zwei Jahrzehnte, bis Rumsfeld wieder in die Regierung zurückkehrte. Dick Cheney, sein alter, treuer Kumpel, holte ihn. Diesmal wurde Rumsfeld nicht wie in den siebziger Jahren der jüngste, sondern der älteste US-Verteidigungsminister aller Zeiten.

Als Chef des Pentagon ging Rumsfeld ähnlich vor wie als Manager bei Searle. Er gab den Sanierer und legte sich erst einmal mit allen an, er bürstete Generäle ab wie ungezogene Kinder. Er arbeitete noch immer so hart wie früher, 14 Stunden am Tag, war detailversessen und ungeduldig und verschickte so viele Memos im Haus, dass die Mitarbeiter sie «Rumsfelds Schneeflocken» nannten. Der Einzelgänger fand das Pentagon bei seinem Amtsantritt «zu lethargisch, zu bürokratisch». Kurz: Er wollte den Laden aufmischen. Rumsfeld hatte es schon immer gefallen, die bestehende Ordnung in Frage zu stellen und richtig durchzuschütteln. Im Pentagon und im Kongress wuchs die Zahl seiner Gegner. Ohne den 11. September hätte Rumsfeld möglicherweise den Hut nehmen müssen.

In der Folge erwies sich Rumsfeld als geschickter Kommunikator. Seine lässigen und schlagfertigen Auftritte ließen auch hartnäckige Kritiker verstummen. Am 2. Dezember 2001 fragte ihn ein Fernsehreporter: «Haben wir eine monatelange, blutige Schlacht vor uns?» Rumsfeld: «Ach, dabei wird es wohl nicht bleiben.»

Am 12. Februar 2002 bedrängte ihn ein Reporter im Pentagon mit der Vermutung, dass es wohl gar keine Verbindungen zwischen Saddam Hussein und Terrorgruppen von al-Qaida gebe. Rumsfeld entgegnete: «Wir wissen, es gibt bekannt Unbekanntes, das heißt, wir wissen, es gibt Dinge, die wir nicht wissen. Aber es gibt auch unbekannt Unbekanntes, jene Dinge, von denen wir nicht wissen, dass wir sie nicht wissen. Wenn man unsere Geschichte und die anderer freier Länder betrachtet, dann ist es diese zweite Kategorie, die Schwierigkeiten bereitet.»

Im Saal machte sich Heiterkeit breit.

«Ist der Irak eine unbekannte Unbekannte?», fragte der Journalist.

«Das werde ich nicht sagen», antwortete Rumsfeld.

Einmal beendete er eine Pressekonferenz, nach einer geglückten Ausführung seinerseits, lachend mit den Worten: «Nein, nein, nein. Dieses Ende gefällt mir. Wenn Sie meinen, ich würde das versauen, dann liegen Sie falsch! No, Sir! Ich gehe!»

Rumsfeld schoss aus der Hüfte, aber mit großer Lässigkeit; er wirkte beruhigend auf das Publikum in Zeiten des Krieges. Bush nannte ihn deswegen ein «Matinee-Idol»; Rumsfeld galt mit rund siebzig Jahren in der Öffentlichkeit auf einmal als «sexiest man» im Kabinett.

Jeffrey Krames, der ein lesenswertes Buch über den Hardliner geschrieben hat, beschreibt Rumsfeld im Afghanistankrieg als «War-CEO», also als Kriegsmanager – als sei Krieg neuerdings so normal wie Business.

Politisch war Rumsfeld schon in seiner ersten Amtszeit als Verteidigungsminister zum Falken geworden. Er lieferte sich Mitte der siebziger Jahre regelmäßig Duelle mit Außenminister Henry Kissinger, dem Verfechter der «détente», also der Entspannungspolitik gegenüber der Sowjetunion. Kissinger hatte aus dem Vietnamdebakel den Schluss gezogen, die USA müssten sich mit den Grenzen ihrer Macht abfinden und Zugeständnisse an Moskau machen. Rumsfeld hielt dagegen; er wollte mehr Geld für sein Militär, um nicht hinter die Sowjets zurückzufallen.

Dies war ein anderer Rumsfeld als jener, der wenige Jahre zuvor noch gegen die Befürworter des Vietnamkrieges gestichelt hatte. Nun unterstellten die Anhänger Kissingers Rumsfeld Opportunismus. Er habe aus taktischen Gründen umgedacht, weil er sich die Unterstützung der Konservativen sichern wollte.

Wie fast alle anderen Mitglieder des Kriegskabinetts war Rumsfeld immer auch ein Mann der düsteren Vorahnungen. Sein etwas schrulliger Kurzvortrag über das «unbekannte Unbekannte» gibt im Kern durchaus sein Denken wieder. Wer sich rüsten will, der muss die Umtriebe des Bösen vorausahnen; Stichwort: Pearl Harbor.

Rumsfeld hatte ein Vierteljahrhundert lang gewarnt. Erst vor Entspannung mit der Sowjetunion. Dann vor Terror, als in den achtziger Jahren, nach der Geiselnahme auf dem Schiff «Achille Lauro» im Mittelmeer, sein Kommentar erwünscht war. Als Chef zweier vom Kongress eingesetzten Expertenkommissionen warnte er vor ballistischen Raketen und vor Angriffen auf US-Satelliten im Weltraum. Seine Vertrauten sagen, Anfang 2001 habe er Bush einen «Konflikt» vorausgesagt und gefordert, Amerika müsse sich «vor- statt zurücklehnen, sonst werden wir andere ermutigen, uns etwas anzutun». Wenn etwas passiert, stehen die ewigen Warner als Propheten da.

Rumsfeld wird von seinen Anhängern deswegen als weitsichtiger Führer gefeiert. In Wirklichkeit lag er oft daneben. Die Furcht erregende Sowjetunion: zerfiel von selbst. Die ballistischen Raketen: Experten bemerkten, dass Rumsfeld die Lageberichte der CIA regelmäßig dramatisiert hatte, indem er das Wort «möglich» durch ein härteres «wahrscheinlich» ersetzt habe. Saddam: Das Pentagon unter Leitung von Rumsfeld hat die durch Saddam Hussein drohende Gefahr am meisten aufgebauscht. In den Zeiten des Vietnamkonflikts hatte Rumsfeld noch darüber geklagt, wie viele Kriegslügen dem amerikanischen Volk aufgetischt worden seien.

Böse Zungen behaupten, dass Rumsfeld Saddam Hussein wegen eines alten Fotos mit besonderem Hass verfolgt, das einen für ihn ziemlich peinlichen Vorgang dokumentiert. Auf Bitten von Ronald Reagan hatte Rumsfeld Ende 1983 seine Arbeit als Searle-Manager kurz unterbrochen, um als Nahost-Gesandter in die Region zu reisen. Am 20. Dezember 1983 schossen Fotografen Aufnahmen, auf denen Rumsfeld und Saddam sich die Hände schütteln und wie alte gute Freunde aussehen. Damals gab es ausreichend Hinweise, dass Saddam Hussein Giftgas gegen iranische Soldaten einsetzte. Doch Rumsfeld verlor darüber in Bagdad kein Wort, wie die inzwischen veröffentlichten Protokolle belegen. Er betonte die gemeinsamen Interessen und meldete nach Washington, das Treffen sei «ein Meilenstein» in den Beziehungen beider Länder gewesen. Auf dem Foto mit Saddam sieht er heute aus wie ein fieser Geheimdienst-Unterhändler.

Für den Politiker Donald Rumsfeld waren die achtziger Jahre nicht golden. Sein Gegner George Bush senior war neben Reagan Vizepräsident geworden. Als Rumsfeld 1986 erwog, selbst für die Präsidentschaftswahl 1988 zu kandidieren, merkte er schnell, dass er chancenlos war. Zwar hätte er sich als strammer Konservativer von dem Pragmatiker Bush abgrenzen können, doch es fehlten ihm markante Themen. Außerdem war er als Searle-Manager zu lange aus der Öffentlichkeit verschwunden, er war in Vergessenheit geraten. Und er war zu sehr Geschäftsmann geworden. «Sein Wahlkampfstil ist so bunt wie eine Manager-Garderobe», schrieb ein Reporter. Vielleicht gab Rumsfeld aus Einsicht auf. Möglicherweise fürchtete er, tatsächlich einmal verlieren zu können.

Nachdem er 2001 an die Macht zurückgekehrt war, wurde er größer und bedeutender, als er es je gewesen war. Er verdankte dies erstens seinem Freund Dick Cheney, den er unter Nixon als diskreten, aber effizienten Assistenten geholt hatte. Jetzt war Cheney Vizepräsident und holte Rumsfeld aus der Vergessenheit. Zweitens verdankte Rumsfeld sein Comeback dem 11. September. Bald war er präsenter als der Präsident. Er spielte seine alte Stärke aus, Schlachten in einer Regierung zu gewinnen. Er setzte sich gegen Außenminister Colin Powell durch wie damals gegen Kissinger. In Washington war man sich bald einig, dass der Kriegsminister Rumsfeld besser war als der gleichnamige Verteidigungsminister. Sogar Kissinger lobte ihn. Er habe den Ehrgeiz der siebziger Jahre hinter sich gelassen und diene nicht mehr nur sich selbst, sondern allen. Im Gedächtnis blieb das Bild von Rumsfeld, wie er nach dem Anschlag auf das Pentagon nach draußen stürmte, um den Verletzten zu helfen.

Das ist sehr wohlwollend geurteilt und vielleicht kann man es auch so sehen: Rumsfeld genoss es schlicht, noch einmal der Macher zu sein und seine Energie ganz auf sein Lieblingsanliegen, die nationale Sicherheit, zu konzentrieren. Rumsfeld hatte sich in den Jahrzehnten zuvor schließlich lange genug gelangweilt. Als Bush ihn einmal aufforderte, das Gebet zu Beginn der Kabinettssitzung zu sprechen, bat Rumsfeld den Herrn um die Gabe der Geduld, «unseren Tatendrang zu mäßigen».

Der pragmatische Prinzipienreiter – Colin Powell

Im Februar 2004 machte Colin Powell einen Redaktionsbesuch bei der *Washington Post,* und natürlich wurde er gefragt, ob er die Invasion im Irak im Nachhinein für berechtigt halte. «Ich weiß es nicht», sagte er ausweichend. Dann: «Das Fehlen von Waffenlagern hat das politische Kalkül geändert.» Dann: «Unter dem Strich bleibt es dabei: Der Präsident traf die richtige Entscheidung (...), gründend auf der Geschichte dieses Regimes, auf den Absichten dieses schrecklichen, despotischen Führers.»

So ist Powell – er mimt für einen kurzen Augenblick den Abtrünnigen und ist einen Moment später der strenge Polizist. Den «Teflon Man» nennen sie ihn in Washington, den Mann, an dem alles abgleitet. Die Liberalen setzen auf ihn, aber die Rechten wissen, was sie an ihm haben. Seine in Charme gekleideten manipulativen Fähigkeiten sind beachtlich. Hat er feste Standpunkte, oder geht es ihm im Wesentlichen um Powell? Er ist die schillerndste Figur dieses Kriegskabinetts.

Und eine recht widersprüchliche obendrein, wie die folgende Begebenheit zeigt. Sie beginnt am 16. Dezember 1989 in Panama. In Panama-Stadt waren damals Tausende amerikanischer Soldaten stationiert. Die Beziehungen der beiden Länder waren auf einem Tiefpunkt angelangt, nachdem US-Truppen schon seit Monaten mit Militärübungen überall im Land die einheimischen Streitkräfte unter Druck gesetzt hatten; die Stimmung war explosiv. Am Abend des 16. Dezember kam es dann zu einem folgenschweren Zwischenfall an einer Straßensperre in Panama-Stadt. Panamesische Soldaten forderten die Insassen eines US-Militärfahrzeugs zum Aussteigen auf. Als sich die Amerikaner weigerten, fiel ein Schuss. Er traf den US-Soldaten Robert Paz, der wenig später starb. Zwei Zeugen am Straßenrand, ein US-Soldat und seine Frau, wurden festgenommen und misshandelt.

Colin Powell reichte es. Er war damals Generalstabschef und damit der ranghöchste US-Soldat. Das Verhalten der Panamesen fand er «unentschuldbar», zumal sich das Regime des Militärdiktators Manuel Antonio Noriega zunehmend feindselig zeigte. «Wir sollten eingreifen, um US-Bürger zu schützen», forderte Powell von Verteidigungsminister Dick Cheney. Andere waren skeptisch: Der damalige Staatssekretär Paul Wolfowitz, der ewige Falke, zweifelte, ob diese Zwischenfälle tatsächlich einen Angriff rechtfertigten. Am selben Tag, in der Krisensitzung im Büro von Präsident George Bush senior, plädierte Powell für einen großen Militärschlag: Er wollte nicht nur Staatschef Noriega entfernen, sondern gleich auch seine Armee, die ganze Panama Defense Force (PDF) zerschlagen. Seinen Generalstab hatte Powell bereits von dieser Linie überzeugt.

Am 20. Dezember begann die Operation «Gerechte Sache». Die USA setzten 20 000 Soldaten ein und erstmals auch die neuen F-117-Kampfflugzeuge, die Noriegas Hauptquartier in Schutt und Asche legten. Nach wenigen Tagen war die PDF geschlagen und Noriega auf der Flucht. In Washington wurde Powell für seine Entschlossenheit gefeiert.

Er hatte, wie er später in einem Buch schrieb, eine persönliche Antipathie gegen Noriega gehabt, der in den USA wegen Drogenhandels unter Anklage stand, aber immer beste Beziehungen zur CIA gepflegt hatte. Außerdem wollte Powell den Krieg, weil sein Soldatenstolz verletzt war. So banal kann Politik sein.

Der Krieg kostete nach offiziellen Angaben 550 Menschenle-

112

ben (darunter 26 US-Soldaten), er machte Tausende in den bombardierten Stadtvierteln obdachlos, und er trug den USA eine Rüge der Vereinten Nationen ein. Aber Powell sah die Operation als Erfolg. «Entschiedene Gewalt beendet Kriege schnell und rettet langfristig Menschenleben», schrieb er in seiner Autobiographie.

Powell ist mal Falke und mal Taube – er ist sehr geschmeidig, manche sagen auch: pragmatisch.

Ein Schwarzer, der von unten kam: Colin Luther Powell, Jahrgang 1937, wuchs in der Südbronx von New York auf, einem Viertel, wo Schwarze, Hispanics und Juden lebten, Iren, Polen und Italiener. Seine Eltern waren Arbeiter, Einwanderer aus Jamaika. Er studierte am City College von New York, seine Leistungen waren mäßig, seine Bestimmung entdeckte er im Trainingscorps für Reserveoffiziere. Später sagte er einmal, er habe beim Militär «etwas vom Ritual und der Struktur der Episkopalkirche wiedergefunden», in der er sich als Kind engagiert hatte.

Powell liebt Ordnungsmuster und Disziplin. Er beschloss, beim Militär zu bleiben, und auch dafür gab es einen pragmatischen Grund: «Einem Schwarzen», bemerkte er, «bietet kaum ein Weg in der US-Gesellschaft so viele Möglichkeiten wie dieser.»

Als er 1962/63 nach Vietnam geschickt wurde, war er stolz und seine Kameraden neidisch. «Wer für Südvietnam ausgesucht wurde», schrieb Powell später, «galt als Aufsteiger, als einer, der auf dem Wasser laufen konnte.» 1968 wurde er Stabsoffizier der Americal-Division in Chu Lai. Er konnte organisieren und vermitteln, er war mutig, rettete einmal einen General und zwei weitere Amerikaner aus einem verunglückten Hubschrauber.

Doch auch Powells Heldengeschichten haben Schönheitsfehler. 1968 hatte er den Brief eines Soldaten namens Tom Glen zu beantworten. Glen berichtete von US-Soldaten, die «aus reinem Vergnügen» auf Zivilisten geschossen hätten. Er betonte, er habe das nicht nur in seiner Einheit gesehen, «sondern auch in anderen, und ich fürchte, es ist allgemein verbreitet». Er spielte auch auf das My-Lai-Massaker an, von dem er aus zweiter Hand gehört hatte: In diesem Dorf hatten US-Soldaten der Americal-Division 347 Greise, Frauen und Kinder zusammengetrieben und erschossen.

Powell antwortete barsch. «In direkter Widerlegung Ihrer Darstellung», schrieb er dem Soldaten, «ist das Verhältnis zwischen Americal-Soldaten und dem vietnamesischen Volk ausgezeichnet.» Weder bat er Glen um Details, noch suchte er ein Gespräch. Später gab es eine Untersuchung zu My Lai. In seinen Memoiren bezeichnet Powell My Lai als «dunkles Kapitel». Für die USA wohlgemerkt, nicht für sich. Den Brief Glens erwähnte er mit keinem Wort.

Kritischer und klarer war Powells Blick, wenn es um die Fehler der politischen Führung in Washington ging. Seine Memoiren sind voller Seitenhiebe auf die «High-Tech-Krieger im Pentagon», zivile Führer, die ihre Soldaten leichtfertig in aussichtslose Schlachten schickten. Für Powell war Vietnam «ein halbherziger Halbkrieg», den die amerikanische Bevölkerung ablehnte oder gleichgültig ließ und dessen Last eine kleine Gruppe tragen musste.

Er lernte daraus, dass Amerika sein Militär nur zurückhaltend und wohl überlegt in die Welt schicken dürfe, und formulierte den Leitsatz, der später auch Powell-Doktrin genannt wurde: «Krieg sollte das letzte Mittel der Politik sein. Und wenn wir in den Krieg ziehen, dann sollten wir ein Ziel haben, das unser Volk versteht und unterstützt, wir sollten unsere Ressourcen für diese Mission mobilisieren, und dann losziehen, um zu gewinnen.»

Powell, ein Schwarzer aus bescheidenen Verhältnissen, war auch deshalb wütend, weil Amerika vor allem die Armen und Ungebildeten nach Vietnam geschickt hatte, während die «Söhne der Mächtigen und Wohlhabenden» zu Hause ein Plätzchen in Reserveeinheiten fanden. Als Dick Cheney Verteidigungsminister wurde, äußerte sich Powell sehr skeptisch über «diesen Mann, der nie einen Tag in Uniform verbracht hat».

Als Kenner der schwarzen Militärgeschichte weiß Powell, dass diese Rollenverteilung eine lange Geschichte hat. In seinem Keller sammelt er Memorabilia, Schulterklappen etwa, von schwarzen Soldaten, die für ihr Land zu sterben bereit waren, obwohl dieses Land sie so lange nicht als gleichwertige Bürger akzeptierte. Eines der Gemälde in Powells Keller zeigt die 10. US-Kavallerie, deren schwarze Soldaten um 1870 im Westen des Landes die Indianer bekämpften – für die Sicherheit der weißen Siedler.

Powell immerhin machte Karriere. Nach Vietnam studierte er Wirtschaft und bekam ein Stipendium für das Weiße Haus, wo die Nixon-Gehilfen Caspar Weinberger und Frank Carlucci auf ihn aufmerksam wurden. Sie standen später unter Präsident Reagan an der Spitze des Pentagon und förderten Powells Aufstieg. Den größten Schub bekam Powell infolge eines Skandals, der Reagans Sicherheitskabinett völlig dezimierte: die Iran-Contra-Affäre. Heimlich hatten der Nationale Sicherheitsrat und die CIA Waffen an den Iran verkauft, der im Krieg mit dem Irak stand – und die Erlöse ebenso heimlich den rechts gerichteten Rebellen gegen die sandinistische Regierung in Nicaragua zugeschanzt; im November 1986 flog der Deal auf. «Ohne Iran-Contra wäre ich noch immer irgendein obskurer General, im Ruhestand, unbekannt», sagte Powell selbst. Aber nun erklomm er ungeahnte Höhen und stieg bald zum Sicherheitsberater Ronald Reagans auf. In den Nationalen Sicherheitsrat brachte Powell Disziplin und Effizienz. Die Sitzungen dauerten genau eine Stunde und verliefen immer nach demselben Schema: fünf Minuten Einleitung Powell, dann Diskussion, und am Schluss zehn Minuten Zusammenfassung Powell.

Im Weißen Haus trat Powell zurückhaltend und als geschickter Vermittler auf. Das bedeutet nicht, dass er außenpolitisch ein Liberaler war. Unter Reagan gab er sich vielmehr klar als Falke zu erkennen. Er unterstützte Reagans Krieg-der-Sterne-Programm (Strategic Defense Initiative), er billigte die Waffenlieferungen an die Contras in Nicaragua, er befürwortete Allianzen mit Diktatoren, wenn es irgendwo gegen die Kommunisten ging. Verbündete wie Noriega, der im Auftrag der CIA Waffen nach Nicaragua lieferte, waren Powell zwar menschlich zuwider. Doch er sah es, wie alles, pragmatisch: «Im Kalten Krieg», schrieb er später, «muss man eben sein Bett mit gruseligen Gesellen teilen.»

Nachdem Saddam Husseins Truppen im August 1990 in Kuwait eingefallen waren, spielte Generalstabschef Powell, im Gegensatz zu seiner Rolle im Panamakonflikt, den Mahner. Und es taten sich Fronten auf, die in der Regierung von George Bush junior bis heute fortbestehen. Zwei Tage nach der irakischen Invasion geriet Powell zum ersten Mal mit Verteidigungsminister Cheney aneinander. Powell hatte im Nationalen Sicherheitsrat gefragt, was das genaue Ziel der USA in der Kuwaitfrage sei. Eine politische Frage, die nicht vom Generalstabschef hätte kommen dürfen. Cheney bürstete ihn ab: «Halte dich ans Militärische.» Doch Powell war überzeugt, dass er im Recht war. Im Vietnamkrieg war er entsetzt gewesen über die Fügsamkeit des Generalstabs, der den politischen Führern nie die Formulierung klarer Ziele abverlangt hatte. Diesen Fehler wollte er nicht wiederholen.

George Bush senior war früh dazu entschlossen, Saddam Hussein keinesfalls gewähren zu lassen. Doch während Cheney und sein Staatssekretär Wolfowitz dem Präsidenten folgten, versuchte Powell, mit der Kriegslogik zu brechen. Der Irak war nicht Panama. Saddam Hussein hatte eine der stärksten Armeen, er hatte Massenvernichtungswaffen und Öl, und er trieb sein Unwesen in einer der gefährlichsten Regionen der Welt. Powell schreckte die

Vorstellung von einem «Krieg mit unabsehbaren Folgen», und er drängte Bush, es mit Sanktionen zu versuchen. Doch Bush fürchtete, die weltweite Koalition gegen Saddam werde nicht lange halten, es gelte daher, eine schnelle Lösung zu suchen. Powell sagte später, er habe das eingesehen.

Trotzdem war der Irakkrieg keine Niederlage für ihn. Er bekam vom Präsidenten die Erlaubnis, mit einer massiven Streitmacht gegen die irakische Armee vorzugehen, was einen leichten Sieg mit wenigen eigenen Opfern ermöglichte. Auch war die Befreiung Kuwaits ein klares und einfaches Ziel.

Am vierten Tag des Bodenkriegs Anfang 1991, als die Iraker auf der so genannten «Autobahn des Todes» aus Kuwait flüchteten und von der US-Luftwaffe niedergemetzelt wurden, sagte Powell mit Grausen: «Wir töten wortwörtlich Tausende von Menschen.» Nicht nur er, sondern auch Cheney und der Präsident wollten ein langes Blutbad vermeiden. «Man muss nicht unnötig viel töten», sagte Powell später, «irgendwann hast du deine Ziele erreicht, und dann hörst du eben auf.»

Powell wurde zum Nationalhelden. Er hatte nicht nur Panama und Kuwait befreit, vor allem hatte er den USA wieder das Siegen beigebracht. Mit überlegener Militärgewalt hatte er zwei Kriege scheinbar spielend gewonnen. Die Powell-Euphorie erreichte 1995 ihren Höhepunkt, als seine Autobiographie zum Bestseller wurde. Powell verdiente durch das Buch, durch Vorträge und verschiedene Aufsichtsratsmandate viel Geld. Heute liegt sein Vermögen zwischen 14,6 und 65,5 Millionen Dollar.

Damals suchten die Republikaner einen Kandidaten, der 1996 gegen Clinton antreten würde. Es wurde schließlich Bob Dole. Aber Powell schien sich zunächst förmlich aufzudrängen. Ein Vietnamveteran, ein großer Feldherr, ein Patriot. Das Land debattierte darüber, ob ein Schwarzer Präsident sein könne. Seine Intellektuellen fragten sich: War Powell noch «schwarz»?

Der schwarze Aktivist Julian Bond befand: «Erst hat ihn die Uniform von der Rasse isoliert, jetzt ist es seine Art. Stelle Powell neben irgendeinen schwarzen Mann, und du siehst Colin Powell und Mr. Black Man.» Tatsächlich waren die Schwarzen nicht sicher, ob Powell noch ihr Mann war. Für Reverend Jesse Jackson war er ein Ärgernis: «Ultrarechte können ihm trauen. Sie trauen ihm, dass er Bomben abwirft. Reagan konnte ihm trauen. Die Weißen wollten schon immer den Schwarzen ihrer Wahl als unseren Führer. Deshalb ist für die Weißen dieser nette, schwarze Kerl vom Militär etwas, das es sich zu fördern lohnt. Aber haben wir ihn auf dem Streikposten gesehen? Ist er für Gewerkschaften? Oder für Bürgerrechte? Oder für irgendwas?»

Leuten, die ihre Überzeugungen oder gar Ideologien allzu sehr vor sich hertrugen, misstraute Powell. Natürlich stritt er mit seinen republikanischen Freunden über die *affirmative action*, die positive Diskriminierung von Minderheiten, die er gegen die Rechten verteidigte. Er billigte Abtreibung und war gegen das Schulgebet, aber befürwortete Todesstrafe und Steuersenkungen. 1976 hatte er Carter gewählt, 1980 Reagan. Der «Teflon Man».

Mitte der neunziger Jahre geriet Powell in die Kritik, weil er trotz des vielen Mordens und der «ethnischen Säuberung» in Bosnien 1995 eine US-Militärintervention kategorisch ablehnte. Seine Doktrin untersagte Militäreinsätze, wenn das politische Ziel nicht klar erkennbar war. Und welches politische Ziel konnten die USA in Bosnien verfolgen? «Wir haben oft Ärger bekommen, wenn wir das Militär nur benutzt haben, um irgendetwas zu tun», sagte Powell. Der *New Yorker* schrieb: «Man fragt sich, ob es nicht paradox ist, dass Powell eine Maxime zu einer Doktrin macht, denn damit erhebt er Pragmatismus zum Prinzip.»

Im Jahr 2000 war früh absehbar, dass Powell in einem möglichen Kabinett Bush Außenminister werden würde. Allerdings blieb das Verhältnis zwischen beiden Männern stets seltsam distanziert, sie fühlten sich offensichtlich nicht wohl miteinander. Trotzdem galt Powell zunächst als derart stark, dass Vizepräsident Cheney im Verteidigungsministerium ein Gegengewicht haben wollte. So kam Donald Rumsfeld wieder ins Pentagon. Nach dem 11. September 2001 verliefen die Fronten im Kabinett wie schon im Golfkrieg zehn Jahre zuvor. Nur dass der Vater des jetzigen Präsidenten die Sitzungen dezenter geleitet hatte als der Sohn. In seinem Buch «Bush at War» beschreibt Bob Woodward die Attitüde von George W. Bush mit den Worten: «Holt die Waffen! Holt mir die Pferde! All dieses Texas- und Alamo-Gehabe.» Powell sei dabei unbehaglich gewesen, aber die eigentlichen «Störfaktoren» seien für ihn vor allem Rumsfeld und Cheney gewesen. «Sie riefen zu häufig nach den Waffen und den Pferden.»

Wie schon zehn Jahre zuvor lehnte Powell auch diesmal einen Militärschlag gegen den Irak keineswegs kategorisch ab. «Er war nicht gegen den Krieg», sagt einer seiner Mitarbeiter, «aber der Krieg hatte für ihn nicht Priorität. Er hatte für Rumsfeld und Cheney Priorität. Powells Priorität war es, sicherzustellen, dass der Krieg richtig geführt würde.» Powell wollte Antworten auf die Frage, wann, wie und mit wem die USA losschlagen würden. Und er legte Wert auf Verbündete.

Im Kabinett machten ihm Cheney, Rumsfeld und im Hintergrund auch Wolfowitz das Leben schwer. Draußen attackierten ihn die Hardliner der Think Tanks, als sei er ein Verräter, der für Saddam Hussein arbeite. Wieder hielten Hardliner gerade ihm vor, er hätte den Golfkrieg 1991 zu früh abgebrochen und damit Saddam Hussein verschont, obwohl damals fast das ganze Kabinett ein schnelles Kriegsende wollte. Powell ließ sich nicht beirren, in seiner Liebe zu Ordnung und Disziplin beharrte er darauf, die Konsensrituale der Vereinten Nationen einzuhalten.

Der sichtbare Höhepunkt dieses einsamen Kampfes war Po-

119

wells Rede vor dem UN-Sicherheitsrat am 5. Februar 2003. In einer Multimediashow reihte er noch einmal die amerikanischen Vorwürfe gegen Saddam Hussein auf: Terrorismus, Massenvernichtungswaffen, Irreführung der UN-Inspektoren. Noch heute bekräftigt er, er habe damals ausschließlich gesicherte Geheimdiensterkenntnisse verwendet. Hat er das wirklich geglaubt?

Eigentlich wusste er schon am 20. Januar 2003, dass er die diplomatische Offensive verloren hatte. Am Tag zuvor hatte er in New York den französischen Außenminister Dominique de Villepin getroffen. Villepin hörte Powell eine Weile zu, und er bemerkte, dass Powell mittlerweile denselben Ton anschlug wie die übrigen Mitglieder der Bush-Regierung. «Diplomatie spielte keine Rolle mehr», sagte Villepin später, «ich erkannte, dass die Kriegsbefürworter freie Hand hatten.» Am nächsten Tag hielt Villepin im UN-Sicherheitsrat ein leidenschaftliches Plädoyer gegen den Krieg. Ein Überraschungsangriff, den die Amerikaner später den «diplomatischen Hinterhalt» nannten. Powell wirkte wie erschlagen.

Er hätte diese Niederlage vorausahnen können, denn er hatte erstmals im Leben gegen seine eigene Doktrin verstoßen: Er war in eine Schlacht gezogen, wenn auch in eine diplomatische, obwohl er in der Heimat längst keine Rückendeckung mehr hatte. Andere Politiker hätten daraus die Konsequenz gezogen und wären zurückgetreten. Doch Powell blieb und verteidigte fortan den Krieg. Manche erklärten es damit, dass er eben noch immer Soldat sei und notfalls blind seinem Präsidenten diene. Man kann es auch als Reinform des Pragmatismus sehen. Pragmatismus als Prinzip.

II. Die Lügenfabrik

Die Rede: Der Tag, an dem die Welt betrogen wird

Sie hatten Uno-Generalsekretär Kofi Annan ausspioniert und den UN-Chefkontrolleur Hans Blix ebenfalls. Der amerikanische Geheimdienst National Security Agency (NSA) hatte die britischen Kollegen gebeten, auch die UN-Vertreter aus Chile, Mexiko, Angola, Guinea, Kamerun und Pakistan auszuhorchen, um eventuell die Abstimmungen zu den Irak-Resolutionen noch zugunsten der USA beeinflussen zu können. Vor dem Auftritt des Colin Powell vor den Vereinten Nationen versuchten die britischen und die amerikanischen Geheimdienste vieles, um für den völkerrechtlich wackeligen Aufmarsch gegen den Irak Verbündete zu finden und Zweifler zu isolieren. Die USA sollten mit möglichst breiter Unterstützung in die Schlacht ziehen.

Knapp sechs Wochen vor Beginn des Krieges, am 5. Februar 2003, hielt US-Außenminister Colin Powell seine Rede vor dem UN-Sicherheitsrat, um die anderen Nationen auf Kurs zu bringen. Er hatte darauf bestanden, dass er mit allen zugänglichen Informationen versorgt würde. Unter der Führung von Vertrauten Dick Cheneys hatte sich bereits Mitte Januar eine Arbeitsgruppe gebildet und mit den Vorbereitungen begonnen. Am 29. Januar erhielt Powell einen ersten, mehr als 40 Seiten starken Entwurf. Man redete sich die Köpfe heiß über die Inszenierung des entscheidenden Auftritts. Sollte Powell sich auf die Massenvernichtungswaffen konzentrieren? Wäre es nicht aussichtsreicher, die Verbindungen zwischen Saddam und Terroristen in den Mittel-

123

punkt zu stellen? Oder sollte er über Menschenrechtsverletzungen im Irak sprechen?

Einige Beamte hatten gar die kühne Idee, Powell solle drei Tage lang vor dem Sicherheitsrat sprechen, um jeden Zweifel an der Brisanz der amerikanischen Ermittlungsergebnisse im Keim zu ersticken. Kein Detail über das Schreckensregime des Saddam Hussein dürfe unerwähnt bleiben. Powell fand die Vorstellung «absurd». Die Außenminister der Welt würden ihm nicht wie Erstsemester drei Tage lang zuhören. Die Präsentation dürfe keinesfalls länger als zwei Stunden dauern, ordnete er an.

Eine dreißigköpfige Arbeitsgruppe traf sich an vier Abenden im großen Konferenzraum der CIA in Langley und sichtete das Material. Der Hardliner «Scooter» Libby gab die Direktiven aus. Am zweiten Abend stieß Powell dazu. Für jede Behauptung, verlangte er, müsse es zwei Quellen geben. Mindestens. Dass der Irak ihn attackieren würde, war vorhersehbar, aber den versammelten Staatsmännern dürfe kein Anlass gegeben werden, an seinen Worten zu zweifeln. Die Rede müsse unangreifbar sein, wie die Rede des Präsidenten zur Lage der Nation. Libby wollte die Geschichte über einen Besuch von Mohammed Atta, dem Anführer der Todespiloten vom 11. September, in Prag bringen. Powell lehnte ab, akzeptierte jedoch die genauso wenig belegte Geschichte über einen anderen Terroristen. Er weigerte sich, die Hypothese einer Niger-Connection vorzutragen, billigte aber die von seinem eigenen Geheimdienst bezweifelte Meldung, der Irak habe Aluminiumröhren für eine Gasultrazentrifugenanlage bestellt. Er ließ Unsinniges streichen und nahm Falsches rein. Im Jahr 2004 würden seine Leute behaupten, er habe das Schlimmste verhütet.

Am 4. Februar 2003 traf der Außenminister in New York ein. In einem Konferenzraum trug er schon mal probehalber die Rede vor, die er am nächsten Tag vor den Vereinten Nationen halten sollte. Nach dem Essen übte er noch einmal.

Auch Außenminister Joschka Fischer war am Vortag angereist. Er war nervös. Das Verhältnis der US-Regierung zu Deutschland war voller Misstöne: «This guy has been cheating on me» – «Dieser Typ hat mich betrogen», sagte Bush über Schröder. Im Oktober 2002 hatte Fischer sich vier Tage in den USA aufgehalten, um die Beziehungen zu verbessern. Im Weißen Haus hatte er keinen Termin bekommen, im Nationalen Sicherheitsrat auch nicht, nur noch Colin Powell hatte ihm ein Gespräch gewährt.

Die Deutschen, das stand an diesem Februarabend 2003 schon fest, würden gegen den Krieg stimmen. «Wir müssen uns aufstellen, bevor wir aufgestellt werden», hatte Kriegsgegner Fischer gesagt, als die Bundesregierung noch unschlüssig war, und damit Berlin auf Antikriegskurs getrimmt. Nun wollte Powell dem Sicherheitsrat die Beweise vorlegen, und die Deutschen wussten nicht genau, welches Material die Amerikaner präsentieren konnten. Einige Tage zuvor hatten Mitarbeiter von Kanzleramt und Auswärtigem Amt ein verwegenes Szenario durchgespielt: Amerikanische Geheimdienste hätten mit Unterstützung kurdischer Helfer Kontakt zu hochrangigen irakischen Wissenschaftlern geknüpft. Mit deren Hilfe sei es der National Security Agency gelungen, irakische Atombombenbauer bei der Arbeit zu belauschen. Der Abtransport der Bombe sei von Aufklärungssatelliten im Bild festgehalten worden. Das Versteck sei bekannt. Nichts sprach dafür, dass dieses Planspiel Realität werden könnte. Aber was tun, wenn es doch so wäre? Könnte Deutschland zum Krieg dann noch nein sagen?

Zu Fischers Stab zählten auch der Unterabteilungsleiter für Proliferation des Bundesnachrichtendienstes (BND) und sein Abteilungsleiter für Fragen der Abrüstung und Rüstungskontrollen. Die beiden Experten sollten ihm nach Powells Rede umgehend eine erste Einschätzung der vorgetragenen Beweise liefern.

Am späten Vormittag des 5. Februar zeigten die Fernsehkameras in New York einen lachenden Powell, der Amtskollegen umarmte, Schultern klopfte und unverschämt gut gelaunt war. Als der US-Außenminister in der von Fischer geleiteten Sitzung mit seinem Plädoyer begann, war direkt hinter ihm CIA-Chef George Tenet zu sehen, der auf Powells besonderen Wunsch anwesend war.

Powells Worte von damals klingen heute skurril: «Das Material, das ich Ihnen heute vorlege, stammt aus unterschiedlichen Quellen. Es sind zum Teil amerikanische Quellen, zum Teil Quellen anderer Länder. Einige der Quellen sind technischer Art, wie die abgehörten Telefongespräche und die Satellitenfotos. Andere Quellen sind Menschen, die ihr Leben riskiert haben, damit die Welt erfährt, was Saddam wirklich vorhat. Ich kann Ihnen nicht alles sagen, was wir wissen, aber was ich Ihnen mitteilen kann, ist – zusammen mit dem, was wir über all die Jahre erfahren haben – zutiefst beunruhigend. Was Sie sehen werden, ist eine Anhäufung von Fakten und beunruhigenden Verhaltensmustern. Die Fakten und das Verhalten des Irak beweisen, dass Saddam Hussein und sein Regime keinerlei Anstrengungen zur Entwaffnung unternommen haben, wie sie die internationale Gemeinschaft fordert. In der Tat belegen die Fakten und das Verhalten des Irak, dass Saddam Hussein und sein Regime ihre Bestrebungen zur Herstellung von Massenvernichtungswaffen verschleiern.»

Powell äußerte sich deutlich: «Wir wissen, dass Saddam Hussein entschlossen ist, seine Massenvernichtungswaffen zu behalten und weitere herzustellen (...) Die Vereinigten Staaten können und werden dieses Risiko für das amerikanische Volk nicht eingehen. Saddam Hussein weitere Monate oder Jahre im Besitz von Massenvernichtungswaffen zu lassen ist keine Option – nicht in einer Welt nach dem 11. September.»

Der Außenminister faltete die Hände und versicherte, die Informationen stammten aus «zuverlässigen Quellen». Er trug

28 Punkte vor – keiner würde schließlich einer Prüfung standhalten. Er präsentierte Tonbänder, auf denen Iraker zu hören waren, die sich etwas erzählten, was nicht mal Iraker verstanden hätten. «Wir haben dieses umgebaute Fahrzeug», sagte da einer. «Was sollen wir tun, wenn sie es sehen?»

«Ich komme morgen vorbei», sagte der andere.

«Wir haben alles evakuiert. Hier ist nichts mehr», erwiderte der Erste.

Oder: «Die untersuchen die Munition, die du hast, ob da was Verbotenes dabei ist», sagte jemand.

«Wir haben dir gestern eine Mitteilung geschickt, alles zu säubern, die Resteecken und die verlassenen Bereiche», meinte ein anderer.

Klang verdächtig, hieß aber nichts.

Einem Tondokument, das Powell den Vereinten Nationen nicht vorenthielt, hatte der US-Geheimdienst einige Wochen zuvor gar eine Privatvorführung im Weißen Haus gewidmet: Auf dem Programm stand das belauschte Gespräch zwischen einem Oberst der Republikanischen Garden und einem «Hauptmann Ibrahim». Der Sinn des Dialogs zwischen Oberst und Hauptmann erschloss sich Außenstehenden nicht. Irgendwie ging es um Nervengas. Die Unterhaltung war sehr knapp, wirkte fast codiert. Aber der Präsident, Condoleezza Rice und George Tenet hatten alles auf Anhieb verstanden: Irakische Offizielle versuchten zu vertuschen, dass sie Nervengas besaßen, und weil sie Furcht hatten, abgehört zu werden, drückten sie sich nicht klar aus.

Powell zeigte die Aufnahme einer Munitionsfabrik in Taji: In vier der Bunker seien chemische Kampfstoffe gelagert. An den Bunkern seien Warnzeichen. Der Lastwagen vor dem Gebäude enthalte Gegengift für den Fall eines Unglücks: ein Dekontaminationsfahrzeug. Der Beweis also, dass Saddam weiterhin chemische Waffen herstelle. Experten der Dienste und der Vereinten

Nationen sahen auf den ersten Blick, dass es sich um ein Feuer-wehrauto handelte. Es gehörte schon Chuzpe dazu, der Welt diese Legende zu verkaufen.

Powells Beweisführung sollte unter anderem durch folgende Feststellungen untermauert werden: Der Irak verfüge nach ame-rikanischer Schätzung über 100 bis 500 Tonnen chemischer Kampfstoffe. Der Irak versuche seit 1998, sich im Ausland Ma-terial für den Bau von Atombomben zu beschaffen. Ein irakischer Chemieingenieur habe von Biokampfstoffen berichtet, die unter den Augen der UN-Inspekteure produziert worden seien. Die Pro-duktion habe immer von Donnerstagabend bis Freitagabend statt-gefunden. Die Iraker seien davon ausgegangen, dass die Inspek-teure den islamischen Ruhetag, den Freitag, einhielten. Diesen Einblick in die Praxis des irakischen Sicherheitsapparats verdank-ten die US-Ermittler einem Exiliraker. Saddams Sohn Kusai habe angeordnet, alle verbotenen Waffen aus den Palästen seines Va-ters zu entfernen. In Waffenfabriken seien Computerfestplatten ausgewechselt worden. Im Herbst 2002 seien Raketenabschuss-basen und mit Biowaffen bestückte Gefechtsköpfe aus der Umge-bung von Bagdad in den Westen des Landes geschafft worden. Sieben rollende Biowaffenlabore seien auf irakischen Straßen un-terwegs. Die Mär von den Trailern stammte von vier Informanten; einer von ihnen hatte die Geschichte dem BND erzählt, und die Deutschen hatten die Nachricht weitergegeben. Der Außenminis-ter bemühte sich demonstrativ, die angeblichen Verbindungen zwischen al-Qaida und dem Regime des Saddam Hussein nicht zu überschätzen, aber er hinterließ dennoch den Eindruck, dass diese Vermutungen keineswegs von der Hand zu weisen seien.

Einen neunzehn Seiten langen Bericht der britischen Regie-rung mit dem Titel «Irak – Seine Infrastruktur des Versteckens, der Täuschung und Einschüchterung» nannte Powell ein «schö-nes (...) Dokument, das in exquisiten Details irakische Täuschungsmanöver beschreibt». Diese neunzehn Seiten waren nicht schön, nicht exquisit und auch kein Dokument: Bei dem so hoch gelobten Papier handelte es sich im Wesentlichen um ein angestaubtes Plagiat. Der größte Teil des Materials, mindestens zehn Seiten, waren dem alten Aufsatz eines jungen Wissenschaftlers entliehen, der Anfang der neunziger Jahre in der *Middle East Review of International Affairs* veröffentlicht wurde. Der Großteil der übrigen neun Seiten stammte aus zwei weiteren abgeschriebenen und schon lange publizierten Papieren.

Powell erhielt nach seinem Auftritt in den USA viel Lob. Er hatte sich als Meister der Rhetorik erwiesen, sich als sachlich und dennoch engagiert gegeben, als vertrauenswürdig und mit den Fakten bestens vertraut. Die multimediale Präsentation im Saal des Sicherheitsrates mit Fotos, Graphiken, Zeichnungen, Satelliten- und Tonbandaufnahmen war eine große Show gewesen, und sie fand auch den Beifall des Präsidenten.

Henry Kissinger, der frühere amerikanische Außenminister, sprach für einen großen Teil der Nation, als er noch am Abend des 5. Februar im TV-Sender CNN erklärte, die Vorwürfe gegen den Diktator seien jetzt «unwiderlegbar» bewiesen. Experten hingegen zeigten sich überrascht von dem Mangel an Präzision in Powells Beweisführung. Ein skandinavischer UN-Inspekteur erklärte öffentlich, die Vorwürfe Powells seien «Müll» gewesen. BND-Präsident Hanning hatte mit Experten seines Hauses den Vortrag via TV verfolgt und während der Rede Kontakt mit dem Kollegen in New York gehalten. Bereits am Abend des 5. Februar gab der Dienst intern Entwarnung: nichts dran.

Powell hatte ein Feuerwerk der Desinformationen gezündet, denn die Kriegsvorbereitungen waren schon lange angelaufen. Es ging nicht mehr um Richtig oder Falsch – Saddam sollte beseitigt werden. Die wichtigsten Vorwürfe stammten aus dubiosen Quellen. Aber das war den Regierenden egal.

129

Die OSP-Intrige: Wenn die Wirklichkeit keine Rolle spielt

Pannen und Fehleinschätzungen hat es in der Geschichte der Geheimdienste immer wieder gegeben. Den bevorstehenden Bau der Berliner Mauer hatten die westlichen Geheimdienste ebenso verschlafen wie später die Implosion des Ostblocks. Der 11. September war wohl das größte Debakel der amerikanischen Dienste. Gibt es auch ein Irak-Gate?

Ende Januar 2004 hat der frühere US-Chefwaffeninspekteur David Kay die Kriegsschulddebatte neu entfacht. Der von der CIA 2003 zum Leiter der Überwachungsgruppe für den Irak ernannte Kay und seine 1400 Spezialisten hatten im Zweistromland weder Massenvernichtungswaffen gefunden noch Hinweise darauf, dass solche Waffen außer Landes geschafft worden waren. Die Waffen gebe es wohl schon seit Jahren nicht mehr, offenbarte Kay den Senatoren im Ausschuss für Verteidigungsfragen, unmittelbar nachdem er seinen Posten niedergelegt hatte. «Wie es aussieht, lagen wir alle voll daneben», gestand er ein. Allerdings habe George W. Bush nicht vorsätzlich gelogen, sondern die Geheimdienste hätten den Präsidenten mit ihren «höchst beunruhigenden» Fehlinformationen «missbraucht».

CIA-Chef George Tenet, der auch Chefkoordinator aller US-Geheimdienste ist, versuchte einen Spagat: Zum einen hätten die Geheimdienste «nie behauptet, es bestünde akute Gefahr», zum anderen sei der Krieg allemal gerechtfertigt gewesen.

Bush geriet unter Druck und sah sich gezwungen, einen Untersuchungsausschuss einzusetzen, der die Wahrheit ans Licht bringen soll. Den kompletten Bericht soll die Kommission 2005 vorlegen. So lange möchten wir uns nicht gedulden. Lieber riskieren wir den Versuch, ein paar Schlüsse aus dem vorliegenden Material zu ziehen. Heraus kommt schon heute ein Politkrimi. Die Geheimdienste sind politisch eingesetzt worden – und haben es zugelassen –, um Kriegsgründe zu finden. Da ist niemandem etwas unterlaufen, wie sich im Folgenden zeigen wird, das war Vorsatz.

In den USA gibt es 14 Geheimdienste, die sich einen Gesamtetat von mehr als 30 Milliarden Dollar teilen, und sie alle suchen Einfluss und Geltung beim Präsidenten. Ihre Agenten belauern sich gegenseitig. Kurz nach dem 11. September wurde im Pentagon, das einen eigenen Geheimdienst namens Defense Intelligence Agency (DIA) unterhält, eine sehr spezielle Arbeitsgruppe gegründet. Sie nannte sich selbst «the cabal»: «Intrige». Ihr offizieller Name war «Office of Special Plans» (OSP).

Das OSP war eine Idee von Donald Rumsfeld und Paul Wolfowitz und das Ziel war klar: Diese Spezialabteilung sollte vor allem Beweise für eine Verbindung zwischen dem Diktator Saddam Hussein und Osama Bin Laden herbeischaffen und das Arsenal der angeblichen Massenvernichtungswaffen «neu» taxieren. Auch hier war souveränes «Themenmanagement» gefragt, und mit Hilfe des OSP wurden die anderen Dienste auf Kurs gebracht. Zu keinem Zeitpunkt lag die Abteilung «daneben», sondern sie produzierte Fehlinformationen in Serie – die kleine Truppe war die Lügenfabrik des Pentagon.

Das Scheitern der vorausgegangenen Irakpolitik und das Desaster der verunsicherten Geheimdienste stärkten die Position dieser «Operation of Special Plans». Ähnlich wie Konspirationsfanatiker, die sich die Bausteine für ihre Verschwörungstheorien im Internet suchen, bastelte sich das OSP seine eigene Weltsicht. Die amerikanischen Dienste verfügen über so viel schrägen Stoff, dass sich jede Hypothese belegen lässt. Womöglich würde sich mit rohem amerikanischem Geheimdienstmaterial sogar die Mutmaßung stützen lassen, dass der Papst ein verkappter Kommunist ist, der die Kirche auf den Weg von Engels und Marx bringen will. Kein Problem also, eine gigantische Fiktion zu entwickeln, die als Kriegsgrund taugen würde.

So lautete dann Botschaft 1: Saddam verfüge über ein enormes Arsenal an chemischen und biologischen Waffen. Botschaft 2: Er sei in der Lage, in wenigen Jahren die erste Atombombe fertig zu stellen. Botschaft 3: Al-Qaida und Saddam arbeiteten zusammen. Botschaft 4: Die meisten Geheimdienste unterschätzten die irakische Gefahr gewaltig.

Zu allen Zeiten haben fast alle Dienste das Spiel mit der Desinformation betrieben. Die Meldung, das Aids-Virus stamme aus amerikanischen Geheimlaboren, hatten Spezialisten vom KGB ersonnen. Die Geschichte über den angeblich organisierten Organklau mit ausgeschlachteten Babys in der Dritten Welt wurde auch von einem Geheimdienst ausgeheckt. Die Fachabteilungen der Dienste lancieren alles, was den Gegner destabilisiert und für Schlagzeilen sorgt. Das OSP hat allerdings nicht den Feind, sondern das eigene Land getäuscht.

Der amerikanische Journalist Seymour Hersh beschrieb das Verfahren des OSP als Prinzip «stovepipe» (Ofenrohr). Ohne die übliche Überprüfung durch den «normalen» Geheimdienstapparat gelangten OSP-Informationen wie durch ein Ofenrohr direkt zum Präsidenten. Keine Verifizierung, keine Zweifel, keine Analysen. Zunächst landeten die Vermerke bei Lewis Libby, dem Freund von Perle und Wolfowitz und Büroleiter von Dick Cheney, dann wurden sie, überarbeitet, an den Präsidenten geleitet.

Die kleine OSP-Truppe mit ihren rund zwei Dutzend Mitarbeitern bewegte sich in einer Welt von Dinosauriern. Rund 22 000 Angestellte beschäftigt die CIA, mindestens 38 000 sind für den mächtigen Abhördienst NSA tätig. Der hat in Maryland eine eigene geheime Stadt errichtet, Crypto City, wo selbst die Gottesdienste in abhörsicheren Räumen stattfinden. Jedes Jahr erklärt allein dieser Dienst 50 bis 100 Millionen Dokumente für geheim. Aber vor allem für die CIA in Langley hatte die Truppe des OSP nichts übrig: alles «Weicheier» und «Ignoranten», die Verbindungen zwischen al-Qaida und Saddam Hussein «herunterzuspielen oder zu widerlegen suchen». Im «Hinblick auf den Irak ist die CIA unfähig», erklärte Pentagon-Berater Perle bereits im Herbst 2001.

Aber hatte er es nicht immer gewusst? «Hat Saddam Massenvernichtungswaffen?», fragte Perle bei einem Hearing im März 2001 in Washington und gab gleich selbst die Antwort: «Natürlich hat er. Wir wissen, dass er chemische Waffen hat. Wir wissen, dass er biologische Waffen hat. (...) Wie weit er mit der Herstellung von nuklearen Waffen gekommen ist, wissen wir nicht. Meine Annahme ist, dass er weiter ist, als wir denken. Er ist immer weiter, als wir denken, weil wir uns stets fragen, was wir beweisen können. Und wenn wir nicht davon ausgehen, dass wir alles entdeckt haben, müssen wir eingestehen, dass da mehr ist, als wir berichtet haben.»

Es komme darauf an, ungewöhnliche Fragen zu stellen, meinte Rumsfeld. Man müsse die Dinge anders betrachten, als sie bislang betrachtet wurden: «Stellen Sie sich einen 11. September mit Massenvernichtungswaffen vor», erklärte der Verteidigungsminister in einer CBS-Sendung. «Dann sind es nicht 3000, sondern Zehntausende von unschuldigen Männern, Frauen, Kindern.» – «Die Linse, durch die man schaut, beeinflusst, wonach man sucht», nannte es der bekennende Scharfmacher Wolfowitz.

Das klang seltsam vertraut. Dinge anders betrachten, die Gefahr, die vom Gegner ausgeht, nicht unterschätzen – wachsam sein. Das waren die Töne früherer Jahre. Das waren die Vokabeln jener legendären kalten Krieger, die den Feldzug gegen das «Reich des Bösen» geführt hatten. Ihre Truppe hieß «Team B», und Team B befand damals, dass die CIA die Gefahr durch die Sowjetunion fahrlässig unterschätzte. Weicheier eben. Team B hatten angehört: Donald Rumsfeld, Paul Wolfowitz und Richard Perle. Alle Mittel waren auch früher schon erlaubt gewesen. Nach dem Attentat auf den Papst suchten das Team B und der damalige CIA-Chef William Casey mit Nachdruck nach Anhaltspunkten, um den Sowjets den Mordversuch anzuhängen: Wer ein Indiz fand, wurde befördert. Wenn einer mit seinem Verdacht völlig danebenlag, hatte er sich immerhin bemüht, und er war ohnehin auf der richtigen Seite. Wenn jemand die Mordhypothese für abstrus hielt, hatte er sich nicht bemüht, und er war auf der falschen Seite. Auf die Wirklichkeit kam es nicht an. Es galt vielmehr, die Vorgaben zu beweisen. Als sich nach der Implosion des Ostblocks herausstellte, dass Team B die Gefahren maßlos überschätzt und das KGB kein Papstattentat geplant hatte, zeigten sich Wolfowitz und Kollegen nicht sonderlich beeindruckt. Die USA hatten den Kalten Krieg gewonnen. Der Sieger interpretiert das Ergebnis selbst.

Nachdem das OSP Anfang 2002 seine Arbeit aufgenommen hatte, übernahm es eine kleine Mannschaft, die sich nach altem Vorbild auch «Team B» nannte und ausschließlich nach Verbindungen zwischen Saddam und dem 11. September suchte. Direktor des OSP wurde Abram N. Shulsky, der sich schon früher mit Geheimdienstarbeit beschäftigt hatte. Während des Kalten Krieges interessierte sich der Sohn eines Journalisten besonders für die Desinformationstechniken der Russen. Im Pentagon hatte Shulsky zeitweilig unter Richard Perle gearbeitet, er war ein überzeugter Neokonservativer. Ihm zur Seite stand William Luti, Berater von Vizepräsident Dick Cheney, guter Freund von Wolfowitz und ebenfalls ein Neokonservativer. Berater, Anwälte und ein paar Spezialisten der Geheimdienste verstärkten das Team. Pentagon-Staatssekretär Douglas J. Feith, noch ein Perle-Mann, hatte die Oberaufsicht. An jeder Öffnung des Ofenrohrs arbeiteten somit Leute vom Think Tank PNAC.

Shulsky war wie Wolfowitz ein Straussianer. Beide hatten 1972 bei dem deutsch-jüdischen Philosophen Leo Strauss an der Universität in Chicago promoviert. 1999 hatte Shulsky gemeinsam mit einem Kollegen einen viel beachteten Aufsatz über «Leo Strauss und die Welt der Geheimdienste» veröffentlicht. Sie lobten Strauss' Fähigkeit, «zwischen den Zeilen zu lesen» und «unter die Oberfläche» zu schauen. Nachrichtendienste machten einen Fehler, wenn sie diktatorische Regime mit den eigenen Augen betrachteten.

Strauss, der 1932 vor der Machtergreifung Hitlers zunächst nach Frankreich und später in die USA geflüchtet war, hatte eine Konsequenz aus der Geschichte des Ersten Weltkriegs und der Weimarer Republik gezogen: Fortschrittsglaube und Aufklärung hätten sich als Illusion erwiesen. Eliten dürften die Wahrheit manipulieren, um das Böse zu verhindern. Politische Geheimhaltung sei eine legitime Praxis effizienten und klugen Regierens. Staat und Macht müssten Geheimnisse haben. Die Welt von Leo Strauss, der 1973 starb, war die Gedankenwelt von Plato und Sokrates. Aber er hatte nie geschrieben, dass die eigene Bevölkerung getäuscht und in Unkenntnis gehalten werden müsse. Was jene Truppe, die sich unberechtigterweise auf ihn berief, produzierte, hatte mit den Ideen des Kulturpessimisten Strauss nicht viel zu tun – der bezweifelt hatte, dass sich durch Politik etwas ändern ließe.

Geheimnistuerei ist das ureigene Geschäft der Geheimdienste. «Jede auf Kontinuierlichkeit eingerichtete Herrschaft», schrieb der Soziologe Max Weber in seinem Werk «Wirtschaft und Gesellschaft», sei «an irgendeinem Punkt Geheimherrschaft». «Was das Volk nicht weiß, macht das Volk nicht heiß», befand Heinrich von Kleist 1810 in den *Berliner Abendblättern*. Das OSP schaffte sich neue Computer an, spezielle Software und hatte das Privileg, Material aller Dienste auswerten zu dürfen. Dazu gehörten auch die so genannten Rohberichte, die nichts aussagen, weil sie auf ungesicherten Informationen beruhen. Rohberichte, aus denen sich etwas machen ließe, gibt es Tausende. Die amerikanischen Dienste haben zu ihren besten Zeiten täglich bis zu 800 000 Daten gesammelt – wie ein Wal, der Tonnen von Wasser in sich hineinschwappen lässt für ein paar Gramm Plankton. Mit viel Wasser und ganz wenig Plankton wurde jetzt Politik gemacht.

Da gab es die Meldung, dass der Führer der Nationalen Islamischen Front im Sudan, Hassan al-Turabi, Kontakte zwischen al-Qaida und dem Irak geknüpft habe. Angeblich war er bei Transporten verbotener Waffen durch Afghanistan behilflich. Eine Bestätigung dafür haben andere Geheimdienste nicht gefunden.

Nach Angaben des OSP hatte Faruk Hijazi, der stellvertretende Direktor des irakischen Geheimdienstes IIS (Iraqi Intelligence Service), Bin Laden im Dezember 1998 in Afghanistan getroffen. Die CIA und ihre Kollegen hatten die Information, die von einem anderen Dienst kam, als Falschmeldung eingestuft. Das OSP fand das angebliche Treffen bedeutsam, was ziemlich absurd war. Denn in der Welt der dunklen Mächte begegnet jeder jedem irgendwann. Selbst wenn ein solches Treffen stattgefunden hätte, wäre es kein Beleg für eine Zusammenarbeit. Der Überbringer dieser Nachricht war ein Renegat – er gehörte einst zu einem der Sicherheitsdienste Saddam Husseins und war schließlich in den Westen geflüchtet.

Geschichten wie aus Tausendundeiner Nacht wurden kolportiert, als handele es sich um Gewissheiten. Andere Geheimdienste, darunter der Bundesnachrichtendienst, hatten die Informationen auch bekommen und ad acta gelegt.

136

Jede Epoche bringt Endzeitvisionen hervor, und in jeder Zeit denken die Menschen, wichtige Entscheidungen für eine weite Zukunft zu treffen. Dementsprechend gehört die Apokalypse zum ideologischen Handgepäck aller Geheimdienste – und auch ihrer Kritiker. Wer die Welt in zwei Lager teilt – die Guten und die Bösen –, billigt sich selbst oft alle Mittel zu. Und es war nicht so, dass die Spezialisten des OSP die angeblichen Beweise einfach erfanden. Sie stießen auf Menschen, die sagten, was sie hören wollten: Überläufer.

Die meisten Überläufer schickte ihnen Ahmed Tschalabi, der Chef des Irakischen Nationalkongresses (INC) und Präsident Bushs Favorit für den Neuanfang im Irak. Er wollte die USA davon überzeugen, dass der Diktator beseitigt werden müsse, und er lieferte die Kronzeugen der Anklage. Außerdem forderte er Geld für die irakische Opposition. 90 Millionen Dollar allein im Jahr 2002. Das Außenministerium erhob Einspruch, weil Tschalabi finanziell nicht vertrauenswürdig sei, doch Vizepräsident Cheney schaltete sich ein: Wenn der INC die Amerikaner mit exklusiven Informationen über die Massenvernichtungswaffen Saddam Husseins beliefere, fließe Geld.

Es mangelte nicht an Anklägern. Dass Saddam zwei Atombomben fertig gestellt und vergraben habe, wurde gemeldet. Biowaffen? Jede Menge. Chemiewaffen? Tausende. Raketen? Die Iraker seien dabei, an Raketen zu basteln, die Amerika erreichen könnten. Von dem Bruder einer engen Verwandten Tschalabis stammte die Mitteilung, es gebe rollende Biowaffenlabore. Waffensucher David Kay berichtete im Frühjahr 2004 fassungslos von einem Gespräch mit Tschalabi, das er ein paar Wochen zuvor geführt habe. Der habe ihn im Irak gefragt: «Warum interessieren Sie sich für Massenvernichtungswaffen? Niemand interessiert sich für solche Waffen.»

Berühmt wurde Parisoula Lampsos, eine Griechin, die viele

Jahre in Bagdad gelebt hatte. Sie trat im Fernsehen auf mit ihrer Geschichte, den Diktator beobachtet zu haben, wie er vor einem Spiegel gerufen habe: «Ich bin Saddam Hussein. Heil Hitler.» Auch sei Osama Bin Laden bei ihm gewesen, und Saddam habe ihn finanziell unterstützt. Der Geheimdienst des Pentagon verbreitete die Geschichte mit der Garantieerklärung, die Griechin habe den Test mit dem Lügendetektor bestanden. Hilflos wirkende CIA-Mitarbeiter erklärten in Hintergrundgesprächen, ihr kein Wort von alldem zu glauben.

Da war der Ingenieur Adnan Ihsan Saeed al-Haideri, der 2001 aus dem Irak geflohen war und sich damit brüstete, in zwanzig versteckten Anlagen Giftküchen für B- und C-Waffen gebaut zu haben. Eine sei im Kellergeschoss eines Krankenhauses in Bagdad gelegen. Ganz bestimmt.

Die Propaganda lief auf Hochtouren. Der Stoff wurde weltweit publiziert. In großen europäischen Blättern erschienen Dossiers, in denen zu lesen war, der Irak habe die Zahl seiner Produktionsstätten für Chemiewaffen «von 20 auf mindestens 80 erhöht». Ein in den Westen übergelaufener «führender Forscher des irakischen Massenvernichtungswaffenprogramms» berichtete, dass «auf direkte Anweisung Saddams seit dem Frühjahr 2001 verstärkt an der Herstellung, Erprobung und Anwendung neuer B- und C-Waffen gearbeitet» werde. Der Forscher behauptete, der Irak verfüge «über mindestens zwölf Giftgasdrohnen mit einer Reichweite von 1500 Kilometern». Die Propaganda erzielte Wirkung.

Im August 2002 besuchte eine kleine Delegation des OSP, angeführt von Feith und verstärkt durch Analysten des Pentagon-Geheimdienstes, die CIA-Zentrale in Langley, um dort die neue Sicht vorzutragen: Saddam und die al-Qaida seien keine Gegner, sondern würden zusammenarbeiten. Es gebe Rohberichte der CIA, die bisher von den Kollegen falsch eingeschätzt worden seien. Neue Erkenntnisse aus dem Sudan gebe es auch.

Ein Teil der CIA-Auswerter fand die These interessant. Die meisten allerdings waren empört. «Wir waren angepisst», formulierte es drastisch ein CIA-Mitarbeiter. «Wie etwas wirklich war, spielte plötzlich keine Rolle mehr. Wir fragten uns: Warum bekommt eine solche Truppe wie die vom OSP bei uns ein Forum, und warum macht unser Chef bei denen mit?»

CIA-Chef George Tenet nämlich war bei der Veranstaltung anwesend und fand den Vortrag überzeugend. Tenet stand nach dem 11. September unter Druck. Hatte die CIA die Gefahr durch den islamistischen Terrorismus nicht unterschätzt? Im Frühjahr und Sommer 2001 hatten CIA und FBI zwar vor möglichen Flugzeugentführungen gewarnt, aber auf die Idee, dass zu allem entschlossene Killer Flugzeuge in Bomben verwandeln und tausendfachen Tod bringen würden, war niemand gekommen. Es hatte viele Hinweise gegeben, doch das Frühwarnsystem hatte versagt.

Immer wieder schaute Vizepräsident Cheney in Langley nach dem Rechten und brütete mit Abteilungsleitern über Irak-Akten. Warum kommt ein Vizepräsident zur CIA, wenn ihm jede Information auch in sein Büro geliefert wird? Sechsmal die Woche erhält er einen Lagebericht. Der Schluss liegt nahe: Chef Cheney demonstrierte, dass ihm viel an den passenden Antworten lag. Die Geheimdienstleute konnten sich entscheiden, ob sie bei den Siegern oder bei den Verlierern sein wollten. Es habe keinen Druck gegeben, behauptete Tenet im Frühjahr 2004. In diesem Gewerbe entwickelt mancher eine individuelle Definition von Wahrhaftigkeit.

Richtig ist: Auch ohne den Druck vom OSP hätten die amerikanischen Geheimdienste in Sachen Irak ein gutes Stück danebengelegen. Seit dem Auszug der UN-Inspekteure hatten sie keine Quellen mehr im Irak. Die alte Schätzung angeblicher irakischer Waffenbestände war schon zu Zeiten von Bill Clinton hochgerechnet worden. So wurde der Eindruck geweckt, Saddam bastele in jedem Fall an neuen Chemiewaffen.

Auch hatte der Irak riesige Mengen von Chemikalien gekauft, die als Vorprodukte zur Herstellung von Kampfmitteln hätten taugen können. «Unsere Analytiker waren zu etlichen wichtigen Aspekten dieser Waffenprogramme durchaus unterschiedlicher Ansicht, und diese Debatte kam in unseren Einschätzungen klar zum Ausdruck», behauptete Tenet im Februar 2004, als er die Flucht nach vorn antrat.

Wahr ist wohl: Zweifel wurden politisch beseitigt. Aus einem «Vielleicht» wurde ein «Mutmaßlich», ein «Möglicherweise» mutierte zur Gewissheit. Da im Wahlkampfjahr 2004 die Kriegsschulddebatte Bush in erhebliche Turbulenzen bringen kann, versucht der Präsident, sich hinter den Geheimdiensten zu verstecken. Man müsse herausfinden, wie die zu solchen Ergebnissen gekommen seien, lässt er im Frühjahr 2004 verlauten – ein Musterexemplar der «verfolgenden Unschuld».

Der Kriegspräsident und sein Kriegskabinett suchen hinter den Geheimdiensten Deckung wie hinter einem Feuerwall. In der Tat: Im Oktober 2002 hatte das oberste Gremium der Geheimdienste, die National Intelligence Estimate (NIE), die angebliche Bedrohung durch Saddam in einem ausführlichen Bericht begründet. Aber von einer akuten Gefahr war nicht die Rede gewesen. Weil durch den Kay-Bericht über den nicht existierenden Kriegsgrund eine Lawine losgetreten wurde, sollte der alte NIE-Bericht im Jahr 2004 den Regierenden als Alibi dienen. Doch bereits Wochen vor dessen Erscheinen hatten Bush und die anderen ihre Wahrheit konstruiert:

• Am 26. August 2002 behauptete Cheney, der Irak werde nach seiner Überzeugung bald schon über Atomwaffen verfügen. Im NIE-Papier stand, der Irak würde mindestens noch fünf Jahre brauchen, um eine solche Waffe zu entwickeln.

- Am 19. September erklärte Rumsfeld: «Von keinem anderen terroristischen Staat geht eine größere Gefahr für unsere Bevölkerung aus als von Saddam Hussein und dem Irak.» Der NIE-Bericht wusste davon nichts.
- Am 24. September 2002 wiederholte der Präsident die Behauptung der Briten, der Irak sei in der Lage, binnen 45 Minuten chemische Waffen zum Einsatz zu bringen. Sein eigener Geheimdienst hatte der britischen Quelle keinen Glauben geschenkt, und in dem NIE-Papier tauchte die 45-Minuten-Lüge nicht auf.

Ein kleines Hindernis auf dem Weg zum Krieg hatte noch der Geheimdienstausschuss dargestellt, der einen ordentlichen Bericht über die irakische Bedrohung zu sehen verlangte. Die Regierung befürchtete Widerspruch. Das erste Papier, das allerdings geheim war, zeigte sich noch recht ausgewogen. Es widersprach in wichtigen Punkten Äußerungen, die Cheney und auch Bush gemacht hatten. Die beiden irritierten Vorsitzenden des Ausschusses, Senator Bob Graham und Senator Richard Durbin, baten daraufhin um eine nicht geheime Fassung, die allen Ausschussmitgliedern als Entscheidungsgrundlage vorgelegt werden könnte.

Am 1. Oktober 2002 lieferte Tenet den angeforderten Bericht, und plötzlich waren die Bedenken verschwunden. Der Demokrat Graham war empört und verlangte von der CIA, sie solle auch die abweichenden Meinungen aus dem geheimen Bericht freigeben. In einem Punkt ging Tenet auf Grahams Forderungen ein und erklärte, die Wahrscheinlichkeit eines unprovozierten irakischen Angriffes auf die USA sei gering. Weitere Aspekte, die möglicherweise den Geheimdienstausschuss an den Kriegsgründen hätten zweifeln lassen, durfte Tenet auf Anordnung des Weißen Hauses nicht weitergeben.

Der CIA-Chef, noch immer dankbar, dass er nach dem 11. September nicht gefeuert worden war, teilte Graham in einem Schreiben vom 7. Oktober 2002 mit, dass sich «Bagdad bisher von terroristischen Angriffen klar abzugrenzen scheint».

Am selben Abend verteidigte Bush in einer Rede in Cincinatti seine Irak-Position und recycelte alte Darstellungen des Weißen Hauses. Der «Irak könnte jederzeit biologische oder chemische Waffen an Terroristen geben». Aus Tenets Mitteilung an Graham, die Wahrscheinlichkeit eines irakischen Angriffs auf Amerika sei in absehbarer Zukunft gering, wurde wenige Stunden später bei Bush: Das Risiko sei einfach zu groß, dass Saddam Massenvernichtungswaffen benutze.

Viele Geheimdienstler gingen in die innere Emigration, sie schmollten oder quittierten den Job. Ein paar Ehemalige wie der CIA-Agent Ray McGovern marschierten vor die Kameras: «Informationen wurden frisiert, nach dem Rezept der Politik zurechtgekocht, und das ist für einen Geheimdienst ein Unding», schimpfte der Exagent. «Das ist die verbotene Zone, das macht man nicht.»

Sein Lamento klang hilflos. Was verboten war und was erlaubt, bestimmte das Office of Special Plans, das mit seinen erfundenen Geschichten zumindest in den USA beachtlichen Erfolg hatte: 57 Prozent der Amerikaner glaubten, dass Saddam Hussein hinter den Anschlägen des 11. September steckte. Einige US-Einheiten, die im März 2003 in den Irakkrieg zogen, hatten Aufschriften auf ihre Geschütze gekritzelt: «Rache für den 11. September».

Die Auslassung: Ein toter Zeuge wird missbraucht

Im Frühjahr 2004 kursierten in amerikanischen Zeitungen Berichte, Saddam Hussein habe die Amerikaner in die Irre geführt. Der Hasardeur habe in den neunziger Jahren den Eindruck erweckt, seine Massenvernichtungswaffen nach dem zweiten Golfkrieg raffiniert versteckt zu haben. Ein Bluffer also. Ein Betrüger. Niemand habe ahnen können, dass Bagdad die fürchterlichen Waffen nicht mehr hatte. Übersetzt heißt das: Die Amerikaner, die mit dem Krieg nur eine Katastrophe verhindern wollten, sind hereingelegt worden. Ein tragisches Missverständnis.

Doch die Wirklichkeit sieht anders aus. Ausgerechnet einer der Kronzeugen der amerikanischen Ankläger, Saddam Husseins ehemaliger Schwiegersohn Hussein Kamel, hatte die Amerikaner in die Geheimnisse der irakischen Waffenprogramme eingeweiht und damit Entwarnung gegeben. Als ehemaliger Chef des irakischen Rüstungsprogramms kannte er jedes Detail.

Am 7. August 1995 hatte er sich mit seinem Bruder Saddam, den Ehefrauen und Gefolge nach Amman abgesetzt. Der Überläufer wurde von britischen und amerikanischen Geheimdienstleuten sowie von Spezialisten internationaler Organisationen befragt, und er packte aus.

Eine der Vernehmungen fand am Abend des 25. August 1995 statt. Die Gesprächspartner waren der damalige Unscom-Chef Rolf Ekeus, der italienische Nuklearspezialist Professor Maurizio Zifferero und einer der besten UN-Inspekteure, der Russe Nikita

Smidowitsch. Ein Cousin Saddam Husseins dolmetschte das Gespräch, das protokolliert wurde.

Jene fünfzehn Seiten, die zunächst als vertraulich eingestuft wurden, sind ein eindrucksvolles Dokument. Erstmals erfuhren die UN-Experten, dass es im Irak Ende der achtziger Jahre ein Crash-Programm gegeben hatte, um doch noch die Atombombe zu bauen. Französisches Uran aus dem Osirak-Reaktor sollte den Stoff liefern, doch es habe an genügend Zentrifugen gefehlt, das Uran waffenfähig zu machen, erklärte Kamel.

Er nannte den Namen einer deutschen Firma, die dem Irak beim Bau von Zentrifugen für den Atomwaffenbau behilflich war, beschrieb ausführlich das frühere Biowaffenprogramm und schilderte bis zu diesem Zeitpunkt unbekannte Einzelheiten. Er berichtete von der Arbeit der Raketenbauer und gab darüber Auskunft, wie die Unterlagen von welchem Wissenschaftler gesichert wurden. Keine Frage blieb offen.

Nach etwa drei Stunden wurde er über die Chemiewaffenfabrik in Samarra befragt. Zunächst erklärte der General, es habe 1990 Anweisung gegeben, keine Chemiewaffen in Raketenköpfe zu füllen, weil die Antwort eine amerikanische oder israelische Atombombe hätte sein können. Dann sagte er aus: «Alle Chemiewaffen wurden zerstört. Ich gab die Anweisung, alle Chemiewaffen zu zerstören.» Und nach einer Pause: «Alle biologischen, chemischen, nuklearen Waffen und die Raketen wurden zerstört.»

Smidowitsch hakte nach: Ob auch biologische Waffen wie Anthrax vernichtet worden seien. Kamel fuhr fort: «Nichts blieb.» Nach den ersten Visiten der UN-Inspekteure seien die Waffen zerstört worden. «Die Inspekteure haben eine wichtige Rolle im Irak gespielt. Sie sollten das nicht unterschätzen.» Er habe die Entscheidung getroffen, «alles zu vernichten, damit der Irak wieder einen Neuanfang haben konnte». Und die Raketen?

«Alle wurden zerstört.» Die früheren Chemiefabriken hätten fortan Arzneimittel produziert. Die Raketenbauer hätten die Pläne mit nach Hause genommen und Wissenschaftler Anweisung erhalten, Unterlagen bei sich aufzubewahren, aber es sei kein neues Programm mehr aufgelegt worden.

Nachdem Kamel 1995 geflüchtet war, hatte der Irak den UN-Inspekteuren Unterlagen über alle wesentlichen Projekte ausgehändigt. Unter einem Vorwand wurden die Schwiegersöhne Saddam Husseins im Februar 1996 in den Irak zurückgelockt und dort erschossen.

Was wurde aus den Berichten Hussein Kamels? Er wurde als Kronzeuge der Anklage missbraucht:

- In seiner Rede am 26. August 2002 erklärte Vizepräsident Dick Cheney, die Welt könne aus Kamels Aussagen mehr Erkenntnisse gewinnen als aus Berichten der UN-Inspekteure. Sechs Wochen später, bei seiner Rede in Cincinatti, war von Bush zu hören, dass im Jahr 1995 der Kopf des irakischen Rüstungsprogramms geflüchtet sei. Danach habe das Regime zugeben müssen, 30 000 Liter hochgefährlicher biologischer Kampfstoffe produziert zu haben. Die UN-Inspekteure schätzten sogar, dass es sich tatsächlich um die vierfache Menge handele. Dies reiche, um Millionen Menschen zu töten.

- Anfang 2003 sagte Colin Powell, es habe Jahre gedauert, bis die Iraker zugegeben hätten, vier Tonnen des tödlichen Nervengases VX produziert zu haben. Das Eingeständnis sei erst nach der Flucht von Hussein Kamel erfolgt.

- Am 25. Februar 2003 berichtete der britische Premier Tony Blair vor dem Abgeordnetenhaus in London: Erst vier Jahre nach Ende des Krieges sei durch den Bericht eines der Schwiegersöhne von Saddam Hussein der «volle Umfang des irakischen Biowaffen- und Nuklearprogramms» bekannt geworden.

- Im Februar 2004 erklärte CIA-Chef Tenet, nur durch den Be-

145

richt Kamels sei das irakische Biowaffenprogramm enthüllt worden.

Keiner der vier hat auch nur in einem Nebensatz erwähnt, dass nach den Berichten ihres Kronzeugen die gesamten Bestände an Massenvernichtungswaffen längst zerstört worden waren. Was interessierte, war allein das Schreckensszenario, dass B- und C-Waffen in Saddams Besitz auslösten. Nicht benötigt wurde die Information, dass es diese Waffen schon seit vielen Jahren nicht mehr gab. Ohne Warnung vor der Apokalypse kein Krieg.

Nach dem Irakkrieg bestätigten Hundertschaften irakischer Waffenspezialisten die Aussagen Kamels. Dessen Berichte deckten sich auch mit den Erklärungen, die das Multitalent unter den irakischen Waffenbauern, Jafar Dhia Jafar, im Frühjahr 2004 abgab: Mit der Zerstörung der Anlagen und der Vernichtung der Kampfstoffe sei 1991 nach dem Einzug der UN-Inspekteure begonnen worden, sagte Jafar, der nach dem Krieg in die Vereinigten Arabischen Emirate ging. Saddam habe 1991 einige Vorräte an Chemiewaffen an die Republikanischen Garden überstellen lassen, seine verlässlichste Truppe. Nachdem Inspekteure aber auch dort fündig geworden seien, seien alle verbliebenen Arsenale vernichtet worden. Dies sei auch den Amerikanern bekannt gewesen.

Die Atom-Fälschung:
Lügner stützen sich auf Lügner

Colin Powell wird es gewusst haben: Diesmal war die Gefahr real. Auf dem nuklearen Schwarzmarkt hatte Atommaterial den Besitzer gewechselt. Den Geheimdiensten war es in jahrelanger Arbeit gelungen, die Wege und Verstecke von Mittels- und Hintermännern ausfindig zu machen. Es konnte nicht einmal mehr ausgeschlossen werden, dass Terroristen mitmischten.

Ein ganzes Netz dubioser Kaufleute und Mittelsmänner in Asien, Europa und Nahost hatte an dem Geschäft verdient, und es waren Millionensummen geflossen. Die Dienste hatten verdächtige Konten entdeckt, unter anderem in Dubai. Der Drahtzieher, ein bekennender Islamist, war schließlich enttarnt worden: Dr. Abdul Qadeer Khan, eine Berühmtheit unter den Bombenbauern und in seiner Heimat Pakistan ein Nationalheld. Der 1935 geborene Khan entwickelte für sein Land die «islamische Bombe». Durch eventuelle Ähnlichkeiten mit der Filmgestalt des Dr. No sollte man sich nicht täuschen lassen – Khan ist gefährlicher. Der Schmugglerring des früheren Absolventen der TU Berlin hatte Atomtechnologie und Know-how geliefert – allerdings nicht in den Irak, sondern nach Libyen, in den Iran und nach Nordkorea.

Doch warum schlugen weder Powell noch seine Kollegen Alarm? Im Jahr 2001 hatten die Amerikaner die Pakistani über das Netzwerk des Dr. Khan informiert, im Sommer 2002 sprach Powell beim pakistanischen Regierungschef erneut wegen der Atom-Connection vor. Aber Pervez Musharraf, einer der wich-

147

tigsten Verbündeten der USA im Kampf gegen den Terror, weigerte sich, den einflussreichen und prominenten Wissenschaftler festnehmen zu lassen. Zwar war Khan im März 2001 nach Erhebung der Vorwürfe seines Direktorenpostens bei den Khan Research Laboratories enthoben worden, doch hatte ihn Musharraf unmittelbar danach zu seinem persönlichen Berater für Technik und Wissenschaft ernannt, was dem Rang eines Ministers entspricht. Im Januar 2004 schließlich gestand Khan den Verkauf von Nukleartechnologie in andere Länder. Man stellte ihn unter Hausarrest, mehrere seiner engen Mitarbeiter wurden verhaftet. Zwar hat ihm Musharraf mittlerweile öffentlich vergeben, das hielt jedoch Powell nicht davon ab, den Pakistani für ihre Aufklärungsarbeit zu danken.

Im Herbst 2002 war der amerikanische Staatssekretär James Kelly mit einer Delegation nach Nordkorea gereist. Schon lange bestand der Verdacht, dort werde an Atomwaffen gearbeitet. Die amerikanischen Besucher zweifelten keinen Augenblick daran, dass die Nordkoreaner einen solchen Vorwurf vehement zurückweisen würden, aber zu Kellys Verblüffung beharrten sie geradezu darauf, eine Atommacht zu sein. Auch dieses Bekenntnis kam zu einem denkbar schlechten Zeitpunkt und bescherte der Bush-Regierung ein weiteres Problem: Pakistan, Iran, Libyen, Nordkorea – verglichen mit diesen Fakten waren die Verdachtsmomente gegen den Irak Petitessen. Allen Beteiligten war das klar – auch Powell.

Ein halbes Jahr nach seiner Pakistanreise, in den Januartagen des Jahres 2003, hatten ihm US-Geheimdienstleute ein Foto gezeigt, auf dem Saddam Hussein und einige in Zivil gekleidete Männer zu sehen waren.

«Wer sind die Männer?», hatte Powell gefragt.

«Oh, wir sind uns ganz sicher, dass das seine Atom-Helfer sind.»

«Wie heißen die Männer?»

Schweigen. «Wir sind uns sicher», bekräftigte ein Geheimdienstmann.

«Die Namen?»

Achselzucken.

«Was ist deren Job genau?»

Fehlanzeige.

Ein Bild, das nichts beweist. Verdächtige, die keine Namen haben. Gewissheiten, die sich auflösen wie Zucker im Wasser. Nichts im Vergleich zu den Vorwürfen gegen Khan und Nordkorea. Beim Thema Irak und Atomwaffen war kein Vorgang zu geringfügig, kein Verdacht zu abwegig. Es wurde gelogen, getrickst und finassiert.

Selbst Bush musste im Sommer 2003 einräumen, dass er am 28. Januar 2003 in seiner Rede zur Lage der Nation in Bezug auf den angeblich drohenden Doomsday und die atomare Bewaffnung des Irak den Kongress, die Bürger und die Weltöffentlichkeit falsch unterrichtet hatte.

Dabei war die Angst vor einer Atomwaffe in den Händen des Diktators einmal berechtigt gewesen. In den achtziger Jahren hatte Saddam auf drei Wegen versucht, an die Bombe zu gelangen. Größten Erfolg versprach die Gaszentrifugentechnik, eine deutsche Spezialität, mit der in einem Sofortprogramm 93-prozentiges waffenfähiges Uran gewonnen werden konnte. Diese Atomfabrik wurde 1991 im Golfkrieg zerstört. Saddam, der besessen war von der Vorstellung, den Irak zur Nuklearmacht aufzurüsten, hatte noch etwa ein Jahr zur Fertigstellung der Bombe gefehlt. Die westlichen Geheimdienste hatten ihn unterschätzt.

Die Maschinen wurden demontiert, die Wissenschaftler verhört. Erst im August 1995, nachdem Saddams Schwiegersohn, General Hussein Kamel, Chef der Programme zur Entwicklung von Massenvernichtungswaffen, nach Jordanien geflüchtet war, räumte Bagdad auch offiziell ein, ein Crash-Programm unterhalten zu haben. Dieses sei 1991 beendet worden.

Im Oktober 1997 kam die Internationale Atomenergieagentur (IAEA) in Wien zu dem Ergebnis, es gebe keinerlei Indizien, dass der Irak noch über «in irgendeiner Form bedeutsames Atommaterial» verfüge. Unter Kontrolle der IAEA waren im 1991 geschlossenen irakischen Forschungszentrum Tuwaitha 1,8 Tonnen leicht angereichertes Uran und etwa 500 Tonnen natürliches Uran gelagert. Nicht ein Gramm waffenfähiges Uran gab es mehr im Irak.

Der Autor des IAEA-Reports war der Brite Garry Dillon, der mehr als zwanzig Jahre für die Institution gearbeitet hatte. Er gilt als besonnen und zeichnet sich durch gesunde britische Skepsis aus. Man könne «nie nie sagen», hat er dem Autor gegenüber mal geäußert, aber Atomanlagen seien Fabriken und «keine kleinen Klitschen oder Küchen». Sollte der Irak wieder mit dem Bau einer Atombombe beginnen, werde dies mit Sicherheit nicht unentdeckt bleiben.

Zwar tauchten Ende der neunziger Jahre Berichte auf, der Irak habe ein neues Atomwaffenprogramm aufgelegt, doch die Quellen waren trüb. Es handelte sich um exilierte Iraker, die mit Saddam noch mindestens eine Rechnung offen hatten.

So behauptete ein früherer Mitarbeiter des irakischen Atomprogramms, Khidhir Hamza, der sich im September 1995 in die USA abgesetzt hatte, dass wieder 12 000 Wissenschaftler in der nuklearen Forschung arbeiteten und Saddam «alle Kräfte und Ressourcen auf die Herstellung von Kernwaffen» konzentriere. Woher er das wusste? «Gute Quellen.»

Der *Spiegel* fragte ihn im Herbst 2000: «Wie lange brauchen Ihre früheren Kollegen noch, bis sie Saddam eine einsatzfähige Bombe liefern können?»

Hamza gab zur Antwort: «Wenn alle Sanktionen fallen, können sie das binnen zwei Jahren schaffen. Sie verfügen über das Know-how und die entsprechende Infrastruktur. Das nötige Uran kann der Irak zur Not auch im Ausland kaufen, etwa in den ehemaligen Sowjetrepubliken. Heute ist Saddam seinem Traum von der Atommacht näher als je zuvor.» Näher als je zuvor?

Die Warnung vor der Apokalypse war auch finanziell einträglich. Der Nuklearphysiker Hamza veröffentlichte gemeinsam mit dem Journalisten Jeff Stein im November 2000 bei Simon & Schuster ein Buch mit dem Titel «Saddam's Bombmaker» (Saddams Bombenbauer), eine «Furcht erregende *inside story*», und die Medien interessierten sich plötzlich für ihn. «Ich bin glücklich, dass ich noch lebe», begann sein Buch mit dem Untertitel «The Daring Escape of the Man Who Built Iraq's Secret Weapon». Auf das Thema «Ich und Saddam» schnurrte seine Biographie zusammen. Hollywood wollte sein Leben verfilmen, und der Vater von drei Söhnen fand, dass Brad Pitt im Film über Hamza und Saddam eine tragende Rolle übernehmen sollte.

Der Iraker war jetzt ein gefragter Mann. Richard Perle meldete sich bei ihm und wollte alles über Saddam, alte Zeiten und neue Prognosen wissen. «Ich war sehr beeindruckt», erinnerte sich Perle später. Hamza sei ein «sensibler und anständiger Mann». Perle und Hamza trafen sich an der Washington University, Perle und Hamza dinierten in feinen Hotels wie dem Willard InterContinental. Hamza traf Regierungsbeamte und Staatssekretäre. Nur den Präsidenten traf er nicht, aber der ließ sich berichten.

Im Oktober 2002 hielt George W. Bush eine Rede zur Lage der Nation: Er sprach von Informationen eines ehemaligen hochrangigen irakischen Atomforschers, dass Saddam – entgegen aller Beteuerungen – weiterhin an seinem Atomprogramm arbeite. Der «hochrangige Atomforscher» war Hamza. Weil sich Präsidenten nicht in Einzelheiten verlieren, erwähnte Bush nicht, dass sich der Experte schon 1991 über den Norden des Irak in den Westen abgesetzt hatte und seit einer Weile mit seiner Frau in Nordvirginia lebte, wo er wenig von dem mitbekam, was sich im Irak des Jahres 2002 tat. Auch Perle warnte vor dem Schlimmsten. Der Diktator habe an Hunderten von Plätzen Material und Gerät gelagert. Perle berief sich ebenfalls auf Hamza. Der hatte ihm berichtet, dass Saddam 1981 nach dem Bombenangriff der Israelis auf die irakische Atomanlage Osirak dezentrale Waffendepots errichten ließ. «Jeden Tag», so warnte Perle, komme Saddam einen Schritt weiter. «Warten wir, oder tun wir was?»

Als bei einer anderen Gelegenheit auch Powell die Gefahren durch eine irakische Atombombe beschwor, vertraute Hamza dem *Washington Post*-Reporter Richard Leiby nicht ohne Stolz an: Der Außenminister «hat sich auf mich bezogen».

Sieben Jahre zuvor hatten die UN-Inspekteure den Überläufer Hussein Kamel nach Hamza befragt: «Er ist ein professioneller Lügner», hatte Kamel gesagt. «Er arbeitete für uns, aber er brachte nichts. Ein sehr schlechter Mann.» Als er ausreisen wollte, habe man ihn gehen lassen. Kein Geheimnisträger.

Doch die Erörterung der Frage, ob Khidhir Hamza nur ein Aufschneider war, ist überflüssig. Es gibt keinen Fall Hamza, es gibt nur den Fall der Regierung Bush: Vermutlich hätte sie aus jedem Gerede die Apokalypse produziert – solange sie nur den Irak beschuldigen konnte.

Im Herbst 2001 hatte die CIA vom italienischen Militärgeheimdienst Sismi die Information erhalten, ein irakischer Botschafter habe im Februar 1999 den Niger besucht, möglicherweise um für seine Regierung begehrten Rohstoff zu besorgen: Niger zählt zu den größten Uranlieferanten der Welt. Da das Land selbst kein Atomprogramm hat, wird das Metall, das auch zum Bau von Atombomben taugt, exportiert. Angeblich hatten die Iraker Yellow Cake, pulverisiertes Uran, geordert.

Weil das kleine Office of Special Plans die große CIA drängte, Belege für ein Atomprogramm Saddam Husseins zu beschaffen und die CIA mit nichts Handfestem dienen konnte, wurde aus der eventuell unternommenen Nigerreise eines irakischen Diplomaten eine US-amerikanische Staatsaktion: Der frühere Diplomat Joseph Wilson wurde aktiviert. Wilson war US-Botschafter im Irak und in Afrika gewesen, hatte Ende der neunziger Jahre für den Nationalen Sicherheitsrat des Weißen Hauses gearbeitet und war seit seinem Ausscheiden aus dem diplomatischen Dienst als Geschäftsmann tätig. In den Februartagen des Jahres 2002 erhielt Wilson einen Anruf aus der CIA-Zentrale in Langley: «Was wissen Sie über Urangeschäfte in Afrika, besonders über die im Niger?»

Das war nicht gerade sein Spezialgebiet, aber Wilson kannte eine Menge Leute im Niger. Vizepräsident Cheney interessiere sich für die Niger-Geschichte, wurde ihm auch noch mitgeteilt. Und das war noch untertrieben – Cheney war elektrisiert. Der zweitmächtigste Mann hatte der CIA in dieser Sache keine Ruhe gelassen. Und bevor der Dienst auch nur zu einer ungefähren, vorläufigen Einschätzung gekommen war, hatte Cheney dem Kongress schon eröffnet, es gebe neue Hinweise, dass Saddam möglicherweise versuche, Material für sein Atomwaffenprogramm zu beschaffen.

Kurz darauf erklärte Colin Powell, es gebe «keinen Zweifel», dass Bagdad versuche, das Atomprogramm wieder aufzunehmen. Der Bericht an den Kongress und die Aussage, es gebe «keinen Zweifel», hatten keinerlei reale Grundlagen. Der CIA lagen keine eigenen Erkenntnisse vor, und der Bericht des italienischen Militärgeheimdienstes war als zu mager eingeschätzt worden. Aber der Vizepräsident drängte.

Ende Februar 2002 flog Wilson für acht Tage in den Niger. Zunächst in die Hauptstadt Niamey. Er traf den Premierminister, den

Außenminister, den Minister für Minen. Er lernte, dass für einen Uranverkauf die Unterschriften aller drei Amtsträger notwendig waren, und keiner wollte unterschrieben haben. Wilson erfuhr, dass die Regeln für ein solches Unterfangen im Niger weit komplizierter waren, als sich mancher im fernen Washington vorgestellt hatte. Die Uranminen werden von französischen, japanischen und spanischen Konsortien beherrscht. Dem Staat Niger gehört etwa ein Drittel der Anteile. Das größte Konsortium, Somair, das von den Franzosen kontrolliert wird, produziert jedes Jahr etwa 1000 Tonnen Yellow Cake, die in versiegelten Fässern an den einzigen Kunden, Frankreich, geliefert werden. Angeblich hatte der Irak 500 Tonnen geordert. Die Hälfte der Jahresproduktion an den Franzosen vorbei abzuzweigen und rund 800 Fässer in den Irak zu schaffen wäre keine einfache Aufgabe gewesen.

Im Sommer 2003 besuchten die ZDF-Reporter Johannes Hano und Thomas Reichart die Minen und befragten einen der Generaldirektoren, Serge Martinez. «Es ist vollkommen ausgeschlossen», sagte Martinez, «dass Niger Uran an den Irak oder irgendeinen anderen Staat verkauft, ohne dass wir etwas davon erfahren. Wir verfolgen unsere Verkäufe und wissen genau, wo das Uran hingeht.»

Sein Kollege Philippe Viaud sah das ähnlich: «Wir haben technische Kontrollen in den Fabriken. Wir haben Verwaltungskontrollen vom Ministerium für Minen, das die Exporterlaubnis vergibt. Und wir haben die Kontrollen der Kunden, denn die prüfen die gelieferten Mengen. Natürlich prüfen wir die Mengen, die wir hergestellt und verkauft haben. Und wir haben bis jetzt keine Abweichungen in den Büchern gefunden.»

Mit ähnlichen Eindrücken war auch Wilson im März 2002 in die USA zurückgekehrt. Ein CIA-Mitarbeiter speiste mit ihm beim Chinesen und hörte sich den enttäuschenden Bericht an, der keineswegs den Erwartungen der Regierung entsprach – das war es. Später erfuhr Wilson, dass auch die DIA, der Geheimdienst des Verteidigungsministeriums, einen Experten in den Niger geschickt hatte. Er war zum gleichen Ergebnis gekommen.

Nichtsdestotrotz wurde die nicht existierende Niger-Connection weiterhin als Spur gehandelt. Cheney sprach immer mal wieder über die speziellen Erkenntnisse der findigen Italiener und erklärte öffentlich: «Wir haben festgestellt, dass er [Saddam] sein Atomwaffenprogramm wieder aufgenommen hat. Wir kennen einen Teil des Bildes, und dieser Teil sagt uns, dass er alles tun wird, um in den Besitz von Atomwaffen zu kommen.» Beweise wurden nie vorgelegt. Dennoch nahm auch der britische Premier die Niger-Spur auf. Saddam baue an der Bombe, wusste Tony Blair zu berichten. Der Irak habe versucht, sich in Afrika Uran zu beschaffen. Auch er blieb einen Beleg schuldig. Der Geheimdienst des Außenministeriums hingegen warnte Colin Powell: Die Geschichte sei ein Fake.

Dann folgte eine der seltsamen Geschichten, die im Geheimdienstmilieu gelegentlich passieren. Am 3. Oktober 2002 erhielt die italienische Journalistin Elisabetta Burba einen Anruf: «Elisabetta, erinnerst du dich noch an mich?», fragte der Anrufer. Natürlich tat sie das. Der angebliche Kaufmann und Sicherheitsexperte hatte ihr 1995 Unterlagen westlicher Geheimdienste über die Verbindungen einer so genannten radikalen Wohlfahrtsgesellschaft zu islamistischen Terroristen zugespielt. Viertausend Dollar hatte der Informant für die Geschichte erhalten, und die Journalistin hegte den Verdacht, dass er zumindest früher mit einem der italienischen Geheimdienste zu tun gehabt hatte.

Diesmal wollte er Informationen über den Niger und den Irak loswerden. Sie trafen sich in einem Restaurant. Er gab ihr Unterlagen über eine geplante Lieferung von 500 Tonnen Uran an Bagdad. 22 Seiten insgesamt, lauter Fotokopien: Telexe, Briefe, Verträge der Regierung. Das war dieselbe Spur, die der italienische Geheimdienst Simsi viele Monate zuvor als Einziger ermittelt und verbreitet hatte. Wenn die Dokumente für eine Veröffentlichung taugten, vereinbarte der Informant mit der Journalistin, wolle er rund 10 000 Dollar.

Elisabetta Burba, die früher für *Epoca* gearbeitet hatte, ist Journalistin bei dem italienischen Wochenblatt *Panorama*, das zum weiten Reich des Medienmoguls und Staatschefs Silvio Berlusconi gehört. Sie schaute sich die Unterlagen an und teilte der Chefredaktion mit, dass sie in den Niger reisen wolle, um zu recherchieren. Der Chefredakteur des Blattes, der gute Verbindungen zu Berlusconi pflegt, wies sie an, eine Kopie der Unterlagen der amerikanischen Botschaft in Rom auszuhändigen. Die könnten feststellen, ob sie echt seien. Ein zweifelhaftes journalistisches Verfahren.

Die Journalistin Burba flog in den Niger, besichtigte die Minen, besuchte die Häfen – und war sich sicher, dass die Geschichte nicht stimmen konnte.

Sie sprach noch einmal mit dem Informanten. Der erweckte den Eindruck, möglicherweise nachlegen zu können, aber dann meldete er sich nicht mehr. Die Papiere, die er der Journalistin gegeben hatte, gelangten an das OSP im Pentagon.

Am 7. Dezember 2002 übergab der Irak Emissären der Vereinten Nationen ein 12 000 Seiten starkes Dossier, in dem Bagdad den Besitz von Massenvernichtungswaffen bestritt. Am 19. Dezember kritisierte das US-Außenministerium, dass in dem Dossier die Bemühungen des Irak, im Niger Uran zu kaufen, nicht aufgetaucht seien. Am 23. Januar 2003 versicherte die Sicherheitsberaterin Condoleezza Rice in einer Kolumne in der *Times*, dass der Irak gelogen habe, weil die Versuche Bagdads, im Ausland Uran zu erwerben, in dem Bericht nicht erwähnt worden seien.

«Es wird immer eine gewisse Unsicherheit geben, wie schnell Saddam eine Atomwaffe bekommen kann. Aber wir wollen nicht, dass der letzte Beweis ein Atompilz ist», äußerte Rice bei anderer Gelegenheit.

Am 26. Januar 2003 auf dem World Economic Forum in Davos fragte Powell vor den versammelten Managern: «Warum versucht der Irak weiterhin, an Uran zu gelangen?» Zwei Tage später hielt Bush im Kapitol seine Rede zur Lage der Nation und legte die Gründe dar, warum die Vereinigten Staaten gegen den Irak in den Krieg ziehen müssten. Reden zur Lage der Nation sind keine Allerweltsansprachen. Jeder Satz wird geprüft. 5400 Wörter sprach Bush. Mindestens 16 waren falsch: «Die britische Regierung hat herausgefunden, dass Saddam Hussein jüngst größere Mengen Uran aus Afrika kaufen wollte.»

Dabei hatte die CIA während der Vorbereitung darauf gedrungen, die Niger-Spur nicht zu erwähnen. Der entsprechende Satz wurde indessen lediglich umformuliert. Eher unpräzise war von Afrika die Rede. Später mussten sich die CIA, George Tenet, Condoleezza Rice und auch Bush für die Uran-Passage entschuldigen, weil sie doch noch widerlegt wurde.

Den Beweis hatte Jacques Baute, Chef der Irak-Mission der Wiener IAEA, geliefert. Er und seine Kollegen hatten sich die aus Italien an die US-Dienste übermittelten Unterlagen angeschaut. Es handelte sich um primitive Fälschungen. Einer der Briefe, die den angeblichen Uran-Deal zwischen dem Niger und dem Irak besiegeln sollten, trug die Unterschrift des angeblichen Außenministers Allele Elhadj Habibou mit der Datumszeile Juli 2000. Zu diesem Zeitpunkt war Habibou bereits seit elf Jahren aus der Regierung ausgeschieden.

Ein weiteres plump gefälschtes Dokument sollte die angebliche

157

Lieferung von 500 Tonnen Uran autorisieren. Das Papier bezog sich auf die Verfassung des Landes aus dem Jahr 1965, aber die galt schon lange nicht mehr. Das angebliche Dokument war beglaubigt mit dem angeblichen Siegel und der angeblichen Unterschrift des amtierenden Staatspräsidenten Tandja Mamadou. Die Unterschrift war eine Fälschung, der Briefkopf ebenso – die Fälscher hatten sich noch nicht einmal besondere Mühe gegeben.

Baute konnte die Dürftigkeit der amerikanischen «Beweise» kaum glauben. «Können Sie mir helfen, vielleicht habe ich etwas falsch verstanden», fragte er deshalb seine amerikanischen Gesprächspartner. Aber die rührten sich nicht mehr.

Am 7. März 2003, kurz vor dem Krieg, teilte der Chef der Wiener Atomenergiebehörde, Mohammed al-Baradei, dem Sicherheitsrat der Vereinten Nationen mit, was Baute herausgefunden hatte. Vizepräsident Cheney, der sich mit der erfundenen Geschichte am weitesten an die Öffentlichkeit gewagt hatte, zeigte allerdings keinerlei Verlegenheit, sondern keilte zurück. «Offen gestanden, Mr. al-Baradei irrt sich», verkündete Cheney Mitte März im US-Sender NBC. «Wenn man bedenkt, was die IAEA in dieser Hinsicht geleistet hat, zumal was den Irak betrifft, dann muss man sagen, dass sie immer wieder unterschätzt und nicht gesehen haben, was Saddam treibt.»

In einem Interview in der Sendung «Meet the Press» erklärte er im September 2003: Er wisse nicht, was die Wahrheit in der Niger-Geschichte sei. Wilson kenne er nicht und wolle über die Leistungen des früheren US-Botschafters nicht urteilen. Sein Job sei es, Fragen zu stellen. Kurz zuvor, im Juli des Jahres 2003, hatte ein konservativer Kolumnist in der *New York Times* geschrieben, Wilson sei mit der CIA-Mitarbeiterin Valerie Plame verheiratet, einer Expertin für die Verbreitung von Massenvernichtungswaffen. Angeblich sei die geheime Reise ihres Mannes in den Niger von ihr veranlasst worden. Das war Unsinn, aber die Indiskretion diente einem anderen Zweck: Wilson sollte diskreditiert werden. Der Hinweis soll aus dem Weißen Haus gekommen sein. Der Verrat eines Geheimdienstmitarbeiters ist in den USA ein schweres Vergehen, das mit bis zu zehn Jahren Gefängnis belangt werden kann.

Die Desinformation: Saddam und Bin Laden – warum nicht?

Jede Zeit hat das Gefühl, eine Endzeit zu sein; eine Zeit, in der die Entscheidung über das Überleben der Gesellschaft fällt. Auch heute leben wir in einer solchen Phase. Die Seuche des islamistischen Terrorismus erschüttert die Welt: New York, Casablanca, Bali, Djerba, Riad, Nairobi, Madrid – und morgen vielleicht Berlin? Unter dem Deckmantel des Glaubens hat sich ein neuartiger terroristischer Totalitarismus entwickelt: «Ihr liebt das Leben, und wir lieben den Tod», erklärte ein Propagandist der Mörder von Madrid in einem Video.

Natürlich ist Terrorismus keine neue Erscheinung. Ende des 19. Jahrhunderts wurden in manchen Jahren mehr als 800 Attentate registriert. Zar Alexander II. von Russland, Kaiserin Elisabeth von Österreich, König Umberto I. von Italien, König Alexander I. von Serbien – sie fielen, wie in einer Epidemie, zwischen 1881 und 1903 mordenden Desperados zum Opfer. Die Motive der Mörder von einst waren oft ebenso obskur wie die der Mörder von heute, aber es war individueller Terror, der sich gegen Repräsentanten richtete. Der Terrorismus unserer Tage, der den Namen al-Qaida trägt, bedroht jeden. Er ist umfassend und global – die Mörder wissen nicht mal, wen sie morden, und es ist ihnen egal. Sie sind erbarmungslos. Das Netzwerk der islamistischen Terroristen braucht keine Rechtfertigungen mehr. Nur zu Propagandazwecken bekennen sich manchmal angebliche Mitglieder dieser verschachtelten, wachsenden, unübersichtlichen, schrecklichen

Geisterarmee per E-Mail zur Tat. Die Neokonservativen in der Regierung Bush müssen sich den Vorwurf gefallen lassen, wegen ihrer Irak-Obsession die Terrorholding vor dem 11. September nicht energisch genug bekämpft zu haben; einige von ihnen waren aus ideologischen Gründen vor mehr als zwanzig Jahren sogar Geburtshelfer des globalen islamistischen Terrorismus.

Es ist kein Zufall, dass alles in der Ära des Ronald Reagan anfing, die für die Neokonservativen so prägend war. Um sich für die Schmach des Vietnamkrieges zu rächen und die verhasste Sowjetunion zu treffen, hatten Reagan und sein Geheimdienstchef William Casey eine der größten Geheimdienstoperationen in der amerikanischen Geschichte begonnen. Mit Hilfe des pakistanischen Geheimdienstes Inter-Service Intelligence (ISI) wurden die muslimischen Krieger, die in Afghanistan gegen die sowjetischen Besatzer kämpften, auf geheimen Wegen von der CIA und von Gönnern in Saudi-Arabien unterstützt. Der amerikanische Journalist Fred Halliday hat ausgerechnet, dass die Kosten dieses geheimen Krieges pro Jahr bei etwa fünf Milliarden Dollar lagen. Die Krieger erhielten Waffen, Munition und Sold. Die Milliardenströme wurden über die Skandalbank BCCI gelenkt, die schon vorher bei verdeckten Operationen der Saudis behilflich gewesen war. «Weder ich noch meine Brüder», erklärte später Osama Bin Laden, «sahen irgendeinen Hinweis auf die Hilfe der Amerikaner.» Es kam zu schmutzigen, heimlichen Komplizenschaften. Mit Hilfe der ISI und Kenntnis der CIA bauten die Mudscheddin die Opiumproduktion aus und eröffneten Hunderte neuer Heroinlabore. Afghanistan wurde der größte Heroinlieferant für den amerikanischen Markt, und mit Rücksicht auf den ISI, der den Drogenschmuggel organisierte, durften amerikanische Drogenfahnder nicht eingreifen.

Dieses Beispiel zeigt, wie wichtig den Neokonservativen die Allianz mit den Mudscheddin war. Die italienische Wirtschaftswissenschaftlerin Loretta Napoleoni hat in ihrem Buch über die «Ökonomie des Terrors» darauf hingewiesen, dass in jenen Tagen das «Bündnis zwischen den Vereinigten Staaten und Pakistans korrupter Diktatur geschmiedet worden» sei. Die Niederlage der Sowjetunion habe die politische Elite der USA «blind gegenüber den Folgen eines solchen Sieges gemacht». Nach dem Ende des antisowjetischen Dschihad habe der pakistanische Geheimdienst bewaffnete Aufstände der Islamisten in Zentralasien und Südasien unterstützt. Islamistische Rebellen in Indien, Thailand, Malaysia, Usbekistan und Tschetschenien erhielten – zum Teil mit Billigung der CIA – Waffen und Ausrüstung aus Pakistan. Der ISI hatte einen Teil der von Caseys Leuten gelieferten Waffen abgezweigt. Tschetschenische Gotteskrieger wurden in Lagern in Afghanistan ausgebildet, die in den achtziger Jahren gemeinsam von ISI und CIA aufgebaut worden waren. Veteranen aus dem Dschihad zogen mit Unterstützung der Pakistaner nach Tschetschenien, um Kämpfer für den Krieg gegen die Sowjets auszubilden. Nach sowjetischen Geheimdienstquellen unterstützte auch Bin Laden den Kampf in Tschetschenien mit einer zweistelligen Dollar-Millionensumme.

Tschetschenische Islamisten traten mit Rebellen der Kosovo-Befreiungsarmee UÇK in Verbindung, der Terror wurde nach Europa exportiert. Die islamistischen Gruppen waren mal Werkzeug, mal Todfeinde. Mit Billigung der USA hatte in Indonesien die Regierung des Generals Suharto mit radikalen muslimischen Organisationen wie der Bewegung Darul Islam zusammengearbeitet, um die Kommunisten besser bekämpfen zu können. Daraus ist die Terrororganisation Jemaah Islamiyah entstanden, die in Südostasien einen fundamentalistischen muslimischen Staat errichten will. Die Gruppe, die von Afghanistankämpfern angeführt wird, agiert in Malaysia, Singapur und Indonesien und wird von den Behörden unter anderem für den Anschlag auf eine Diskothek in Bali verantwortlich gemacht, bei dem im Oktober 2002 fast 200 Menschen starben.

In seinem im Frühjahr 2004 erschienenen Bestseller «Against All Enemies: Inside America's War on Terror» warf Richard Clarke, bis 2003 Sonderberater des Präsidenten für die Terrorabwehr, Bush vor, dieser habe Amerikas Sicherheit beeinträchtigt, weil er die Anschläge vom 11. September für politische Zwecke missbraucht habe. Statt al-Qaida konzentriert zu bekämpfen, habe Bush einen «unnötigen und kostspieligen Krieg geführt, der die radikalfundamentalistischen islamistischen Bewegungen in aller Welt gestärkt» habe. Clarke, dessen politische Leitfiguren die beiden republikanischen Präsidenten Ronald Reagan und George Bush senior sind, berichtete, er habe kurz nach dem Amtsantritt des Junior im Januar 2001 um eine Kabinettssondersitzung gebeten, um über Maßnahmen gegen die Terrororganisation zu beraten. Stattdessen habe der Präsident sich dem Thema Irak und Plänen für die Entwicklung eines Systems von Interkontinentalraketen gewidmet. Nur auf vier von 30 bis 35 Sitzungen, an denen er zwischen April und Juni 2001 teilgenommen habe, sei am Rande über die Terrororganisation gesprochen worden. Alle Warnungen vor al-Qaida und drohenden massiven Anschlägen habe der Präsident ignoriert. Noch am 4. September hatte Clarke vor «Hunderten toten Amerikanern nach einem Terrorangriff daheim oder in Übersee» gewarnt. Sein Alarm blieb unbeachtet. Eine Woche später war der Albtraum wahr geworden.

Unmittelbar nachdem die Türme des World Trade Center eingestürzt waren, informierte CIA-Chef George Tenet den Präsidenten über das Netzwerk der Terrororganisation al-Qaida. Die Terroristen operierten weltweit, sagte der Geheimdienstchef, doch Hinweise, dass Saddam Hussein in die Anschläge verwickelt war, ließen sich beim besten Willen nicht ausmachen.

Seit mehr als zwanzig Jahren führten die Amerikaner den Irak auf der Liste der Länder, die den Terrorismus unterstützen. Saddam Hussein hatte in den achtziger Jahren den Terroristen Abu Nidal und Mohammed Abu Abbas Zuflucht gewährt, Veteranen der Bewegung. Ihre Namen sind mit Terrororganisationen wie der «Palästinensischen Befreiungsfront» (PLF) und der «Volksfront zur Befreiung Palästinas» (PFLP) verbunden – Chiffren aus einer vergangenen Zeit. Die Terrororganisation Hamas hatte 1999 in Bagdad ein Büro eröffnet; Saddam Hussein zahlte Prämien für palästinensische Attentäter. Er war Herbergsvater von Mördern und Finanzier von Killern – das rechtfertigte die Platzierung des Irak auf der schwarzen Liste, war aber kein Beweis für Kooperationen mit den Massenmördern vom 11. September.

Gefangene al-Qaida-Kämpfer wie der frühere militärische Führer Abu Zubeida hatten bereits Anfang 2002 zu Protokoll gegeben, dass zwischen Osama Bin Laden und Saddam Hussein keine Verbindung bestehe. Der Irak habe keinerlei Unterstützung gewährt. Saddam hatte nichts übrig für Osama Bin Laden, und der Terroristenchef verachtete Saddam Hussein, den er für einen Ungläubigen hielt. Osama Bin Laden, so Zubeida, habe jeglichen Kontakt zu Saddam Hussein abgelehnt. Dies deckte sich mit den Analysen fast aller Experten.

Die Hardliner der Regierung Bush ließen sich aber von solchen Aussagen nicht beirren – sie schufen sich ihre Realität selbst. Am Abend des 12. September, schreibt Clarke in seinem Buch, habe der Präsident ihn und andere im Weißen Haus zu sich gebeten. «Geht alles noch einmal durch, alles», habe Bush gedrängt, «prüft, ob Saddam dahinter steckt.» Auf Clarkes Entgegnung, die Geheimdienste seien von der Urheberschaft der al-Qaida überzeugt, soll Bush geantwortet haben: «Ich weiß, ich weiß, doch finden Sie heraus, ob Saddam darin verwickelt war. Ich will jeden Schnipsel.» Beim Verlassen des Raumes soll Bush zum dritten Mal gesagt haben: «Prüft die Verbindungen zum Irak, zu Saddam.» Der parteilose Clarke, dem Journalisten den Spitznamen «Anti-Terrorismus-Zar» gaben, weil er alles andere als eine Taube ist, schreibt, er habe «geradezu unter physischen Schmerzen» feststellen müssen, dass insbesondere Rumsfeld und Wolfowitz «diese nationale Tragödie dazu benutzten, ihre Agenda zum Irak voranzubringen». Verteidigungsminister Rumsfeld habe unmittelbar nach den Anschlägen vorgeschlagen, den Irak zu bombardieren, weil es «in Afghanistan keine guten Ziele für Bombenangriffe» gebe.

Eine Mittlerrolle spielte der ehemalige CIA-Chef James Woolsey, der von Anfang an die Hypothese vertrat, Saddam sei für die Anschläge vom 11. September mitverantwortlich: «Vierzig Jahre haben wir gegen diesen Drachen namens Sowjetunion gekämpft», sagte Woolsey. «Als wir den Drachen endlich getötet hatten, fanden wir uns in einem Dschungel voller Giftschlangen wieder. Den Schlangen war noch schwieriger beizukommen. Sie hießen Iran, Irak, Nordkorea, Terrorismus, islamistischer Terrorismus.»

Woolsey war einst die wohl größte Fehlbesetzung in der an personellen Flops reichen Riege der CIA-Chefs gewesen. Er hatte keine Ahnung von Geheimdiensten, als ihm Bill Clinton, der davon auch nichts verstand, 1992 den Job anbot. Der Präsident empfing ihn in zwei Jahren nur zweimal. Als 1994 eine kleine Cessna auf den Rasen des Weißen Hauses stürzte, witzelten die Mitarbeiter, das müsse Woolsey gewesen sein, der immer noch versuche, vorgelassen zu werden. «Obwohl mir dieser Witz nicht gefiel, betrachtete ich ihn mit der Zeit als eine treffende Beschreibung meiner Position», sagte Woolsey später.

Nach dem 11. September bekam der Ex-CIA-Chef den Auftrag, Beweise für die Theorie von der Zusammenarbeit zwischen al-Qaida und Saddam Hussein zu finden. Woolsey wollte sich rehabilitieren. Er nahm einen Fall auf, der in seine Amtszeit als Geheimdienstchef gefallen war. Der in Pakistan geborene Terrorist Ramzi Jussuf hatte knapp neun Jahre zuvor den ersten Sprengstoffanschlag auf das World Trade Center organisiert. Am 26. Februar 1993 zündete er eine gewaltige Bombe in der Tiefgarage der Twin Towers: rund 600 Kilogramm hochexplosives Nitroglyzerin, versteckt in einem weißen Lieferwagen. Die Explosion riss einen 60 mal 30 Meter großen Krater in das Fundament, sechs Menschen starben, die Türme bebten. Mitte der neunziger Jahre war er einer der Drahtzieher eines geplanten Anschlags mit dem Codenamen «Bojinka» (lauter Knall). Beinahe gleichzeitig sollten zwölf Passagiermaschinen auf internationalen Flugrouten entführt und in der Luft gesprengt werden.

Ramzi Jussuf war zweifellos ein Topterrorist. Aber war er, der in den USA zu lebenslänglicher Haft plus 240 Jahren Gefängnis verurteilt worden war, wirklich Pakistani? Wolfowitz, der Oberfalke, hatte einen ganz anderen Verdacht. Jussuf, vermutete er, sei ein getarnter irakischer Agent. Der stellvertretende Verteidigungsminister bat Woolsey festzustellen, ob es sich bei Jussuf um einen Iraker handelte, der an der Swansea University studiert hatte. Woolsey überprüfte sogar Fingerabdrücke, musste aber passen. Das akzeptierte selbst Wolfowitz für einen Augenblick. Privatermittler Woolsey wurde dann noch nach London geschickt, um bei irakischen Exilgruppen Material für die Bestätigung des Vorverdachts zu sammeln. Auch ergebnislos.

Um Saddam Hussein doch noch in eine Verbindung mit den Anschlägen vom 11. September bringen zu können, wurde Woolsey schließlich nach Prag entsandt. Die tschechische Hauptstadt ist der perfekte Schauplatz für jeden Agententhriller. Enge Gassen, dunkle Winkel – die Stadt war schon immer ein Dorado für Geheimdienste aller Couleur.

Angeblich war Mohammed Atta, der Anführer der Massenmörder vom 11. September, im April 2001 nach Prag geflogen, um sich dort mit dem irakischen Konsul Ahmad Chalil Ibrahim Samir al-Ani zu treffen. Angeblich war Atta sogar ein Jahr zuvor schon einmal in Prag gewesen. War das die ersehnte heiße Spur? Die tschechischen Behörden verdächtigten al-Ani, einen Anschlag auf das in Prag ansässige Radio Free Europe geplant zu haben. Der von den USA finanzierte Sender strahlt unter anderem Programme in den Irak aus. Das Gerücht wurde zunächst zum Verdacht, dann, mit Hilfe von Woolsey, zum Beweis aufgeblasen. Die wirkliche Achse des Bösen, der Pakt zwischen Osama Bin Laden und Saddam Hussein, schien gefunden. Der *Weekly Standard*, das Leibblatt der Konservativen, meldete, es gebe sogar Fotos von einem Treffen Attas mit al-Ani.

Weekly Standard-Chefredakteur Fred Barnes wusste die Vorgänge einzuschätzen: Die Begegnung zwischen Atta und dem irakischen Diplomaten sei von «politischer und internationaler Bedeutung (...) Einige europäische Staatschefs und amerikanische Politiker machten für ihre Zustimmung zum Krieg zur Voraussetzung, dass eine Verbindung zwischen dem 11. September und Saddam nachgewiesen werden» müsse. Das Treffen von Prag zeige, dass es zumindest Verbindungen zwischen dem Irak und dem Terrornetzwerk gebe, und möglicherweise hätten irakische Agenten schon biologische, chemische oder nukleare Waffen an al-Qaida weitergegeben, damit die Organisation sie gegen die USA einsetze.

Woolsey verbreitete den Verdacht, das Weiße Haus bemühte sich um den Eindruck von Seriosität: Die Hinweise seien wichtig und interessant, würden aber noch geprüft, erklärte Sicherheitsberaterin Rice.

Das Treffen hat, wie der damalige tschechische Premier Václav Havel später erklärte, nie stattgefunden. Ein Foto, auf dem al-Ani und Atta zu sehen sind, existiert nicht. Der Bundesnachrichtendienst untersuchte monatelang die angebliche Prag-Connection

Attas und kam zu dem Schluss, dass an den Vermutungen nichts dran sei. Zum gleichen Ergebnis kamen auch Ermittler vieler Länder sowie die Geheimdienste Frankreichs und Großbritanniens. Sogar das FBI wies darauf hin, dass Atta zum fraglichen Zeitpunkt in Florida war. Es gebe keinen Hinweis, dass er seinen Amerikaaufenthalt für einen Abstecher nach Europa unterbrochen habe.

Im Juli 2003 wurde der Agent al-Ani von amerikanischen Truppen im Irak festgenommen. Der Falke Richard Perle, der eng mit Woolsey zusammenarbeitete, erklärte: «Wenn al-Ani will, kann er das Treffen mit Atta bestätigen. Er könnte uns eine Menge mitteilen. Natürlich hängt das Ergebnis davon ab, wie er befragt wird.» Sollte Folter die erwünschten Aussagen bringen?

Noch am 14. September 2003 beharrte US-Vizepräsident Cheney darauf, es gebe den von tschechischen Ermittlern geäußerten Verdacht, dass ein Treffen zwischen Atta und al-Ani stattgefunden habe. Die amerikanischen Behörden könnten diese Hypothese weder bestätigen noch dementieren. Den von den Tschechen geäußerten Verdacht? Den hatten die Tschechen längst ausgeräumt.

Bei den Vernehmungen bestritt al-Ani, dass er jemals in seinem Leben mit Atta oder einem anderen al-Qaida-Mitglied zusammengetroffen sei.

Prag war eine Niete.

Der islamistische Terrorismus ist ein Netz mit vielen Spinnen, und deshalb fällt es Außenstehenden nicht leicht, bei den vielen Namen und Orten den Überblick zu behalten. Im Frühjahr 2003 präsentierte die US-Regierung einen neuen Protagonisten. Der gebürtige Jordanier Abu Musab al-Zarqawi sei der Verbindungsmann zwischen al-Qaida und dem Irak. Deutsche Fahnder waren entgeistert.

Über keinen der islamistischen Terroristen wissen sie mehr als über Zarqawi, den Vormann der Terrororganisation Al Tawhid, gegen den bei der Karlsruher Bundesanwaltschaft ein Ermittlungsverfahren läuft. Der Name Al Tawhid bedeutet wörtlich: «Jedermann, der an den einzigen und wahren Gott glaubt». Ein vertrauliches Gutachten des Bundesnachrichtendienstes gibt Auskunft über die Organisation: Es handele sich «um eine sunnitisch-palästinensische Gruppierung, die auf der Grundlage eines aggressiv militanten islamischen Fundamentalismus den weltweiten Dschihad aller Glaubensbrüder fördert und unterstützt». Mindestens seit 1999 war der Jordanier Leiter eines Ausbildungs- und Trainingscamps in Afghanistan gewesen. Er reiste häufig inkognito in seine Heimat Jordanien, nach Georgien und Tschetschenien. Im Dezember 2001 floh er in den Iran und versuchte gefälschte Reisedokumente aus Deutschland zu besorgen. Der bärtige, kräftige Jordanier unterhielt enge Kontakte nach Georgien und soll Anfang 2002 den Befehl gegeben haben, einen Anschlag gegen eine israelische Einrichtung in Deutschland auszuführen.

Bei keinem anderen Terroristen waren sich BND und Bundeskriminalamt so sicher, dass die von den amerikanischen Behörden gestreuten Informationen nichts als Propaganda waren. Es ist sogar höchst umstritten, ob diese Gruppierung tatsächlich, wie US-Behörden behaupten, eine Untergruppe der al-Qaida ist oder ob sie nicht unabhängig operiert.

Der BND und das Bundesamt für Verfassungsschutz haben seit 2001 exakt 41 Gespräche aufgezeichnet, die al-Zarqawi mit Gefolgsleuten geführt hat. Die Lauscher waren in der Leitung, als ein Gotteskrieger seine Bereitschaft, als Märtyrer für den Dschihad zu sterben, ankündigte: «Ich schwöre, wenn du mir den Tod befehlen würdest, das täte ich.» Sie hörten zu, als der Jordanier den heiligen Krieg umschrieb: «Das Heu, das dem Kamel den Rücken bricht.» Sie waren in der Leitung, als er von den Kriegern

«Al Habib» («der Liebe») genannt wurde, und kannten selbst die Geschichten über seine Mutter. Sie wussten, dass er über das Satellitentelefon mit der Nummer 00 87/07 62 72 45 28 aus Afghanistan telefonierte und in Teheran unter dem Anschluss 8 75 76 38 zu erreichen war.

Was um alles in der Welt, fragten sie sich, soll Zarqawi mit dem Irak zu tun gehabt haben? Die amerikanischen Behörden behaupteten, Zarqawi sei 2002 in den Irak gegangen, habe sich dort in einem Krankenhaus aufgehalten und, mit Hilfe der irakischen Behörden, eine Zelle aufgebaut.

«Vermutlich reiste er wirklich im Mai 2002 für kurze Zeit nach Bagdad, um sich behandeln zu lassen», meinte ein Beamter des Bundesnachrichtendienstes. «Aber es gibt keinen Hinweis, dass er dort mit den Leuten von Saddam zusammenarbeitete.» Zarqawi hatte vor dem Krieg mit den Terroristen der Gruppe Ansar al-Islam paktiert, die im Kurdengebiet des Irak ein Lager hatten, aber das befand sich außerhalb der Reichweite Saddams. Nach dem Krieg allerdings zog Zarqawi, ebenso wie andere selbst ernannte Gotteskrieger, in den Irak. Er soll an mehr als zwanzig Bombenanschlägen beteiligt gewesen sein und ein eigenes Netzwerk von Terrorkämpfern aufgebaut haben. Amerikanische Fahnder fanden im Januar 2004 ein 17-seitiges Dokument, das Zarqawi zugeschrieben wird und aus dem hervorgeht, dass die Aufständischen um die Vorherrschaft im Lande kämpfen und einen Bürgerkrieg entfesseln wollen. Der Jordanier soll das Drehbuch zur Inszenierung einer Völkerschlacht zwischen Sunniten und Schiiten verfasst haben. Auch der perfide choreographierte Massenmord an schiitischen Pilgern am 2. März 2004 soll auf das Konto Zarqawis gehen.

Interessanterweise hat sich der Terrorist auf seinen Reisen in Sachen heiliger Krieg häufig in Qatar bei einem hohen Regierungsmitglied ausgeruht – dort, wo die Amerikaner im Krieg ihr

170

Hauptquartier hatten. Auch Aiman al-Zawahiri, Osama Bin Ladens Stellvertreter, soll Unterschlupf in Qatar gefunden haben.

Kurz vor Beginn des Irakkrieges versuchten die Hardliner der Regierung Bush, einen renommierten Spezialisten für Terrorbekämpfung zu gewinnen: Sie baten Vincent Cannistraro, der bei Ronald Reagan im Nationalen Sicherheitsrat gesessen hatte und auch Chef der Antiterrorismus-Abteilung gewesen war, um Unterstützung. Ob er die Verbindung zwischen al-Qaida und Saddam bestätigen könne? «Nein, da gibt es keine.» Als ein junger Geheimdienstler ihm vorschwärmte, mit dem Krieg werde die «Fackel der Demokratie» in den Nahen Osten gebracht, entgegnete der Veteran ungerührt: «Sag mal, raucht ihr eigentlich Dope?»

Auch in der CIA regte sich Opposition gegen die insbesondere vom OSP verbreitete Hypothese von der Zusammenarbeit der al-Qaida mit Saddam Hussein.

«Der Widerstand wurde weggeschoben», erinnert sich ein CIA-Mitarbeiter, den der Autor seit vielen Jahren kennt. «Die meisten von uns hielten die These für falsch. Leute wie Cheney oder Wolfowitz drohten uns nicht, aber sie fragten: ‹Warum können Sie der Argumentation nicht folgen? Haben Sie einen Beleg, dass Saddam nicht mit Osama zusammenarbeitet?›» Wer noch was werden wollte, habe «keinen offenen Widerstand geleistet. Wenn das Ergebnis doch klar war, warum sollte man dann rebellieren? Ich jedenfalls habe mir gesagt, sollen sie machen, wenn sie unbedingt wollen.»

Dabei gab es reale al-Qaida-Kontakte, denen nachzugehen interessant gewesen wäre – Verbindungen nach Saudi-Arabien beispielsweise. Die Beziehungen sind offensichtlich: Der Millionär Osama Bin Laden stammt aus Saudi-Arabien. 15 der 19 Attentäter besaßen die im Grün des Islam eingefärbten Pässe des Königreichs, die mit dem Schwert des Propheten und einem Koranspruch verziert sind. Bin Laden selbst hatte bestimmt, dass der Großteil der Entführer in seinem Heimatland rekrutiert werden sollte. Sie wurden die «Muskelmänner» genannt, weil sie nur für Gewaltaktionen einsetzbar waren.

Zwei Monate nach den Anschlägen besuchte ein saudi-arabischer Scheich den al-Qaida-Chef und beglückwünschte ihn zu den Attentaten in den USA. Osama Bin Laden erkundigte sich nach dem Echo in der Heimat: «Wie war die Reaktion in unseren Moscheen?»

«Ehrlich gesagt, sie denken sehr positiv», antwortete der Besucher. Mehrere Geistliche hätten Bin Laden in ihren Predigten gelobt. Die Begegnung des Scheichs mit Bin Laden wurde von Anhängern des Terrorchefs auf Video festgehalten.

Ein Teil des Geldes für die Vorbereitung des Massenmordes kam auf Umwegen aus dem Land, in dem Mekka und Medina liegen, die heiligsten Stätten der Muslime.

Ein paar Tage nach dem 11. September, als für Normalbürger in den USA noch ein Flugverbot galt, durften mehr als 140 Saudis, darunter Verwandte Osama Bin Ladens, die USA verlassen. Als im Sommer 2003 der US-Kongress einen 900 Seiten dicken Bericht über die Hintergründe des Anschlags vom 11. September ablieferte, wurden 28 Seiten über Saudi-Arabien von der Regierung mit dem Hinweis auf eine mögliche Gefährdung der nationalen Sicherheit für geheim erklärt und geschwärzt.

Es war bekannt geworden, dass karitative Spenden von Prinzessin Haifa, der Frau des sehr einflussreichen saudischen Botschafters in Washington, Prinz Bandar, auf Umwegen bei zwei Hijackern des 11. September gelandet waren. Für Prinz und Prinzessin verbürgte sich Powell persönlich.

Bei der Suche nach den Hintermännern der Anschläge haben die US-Behörden von Anfang an Spuren, die nach Saudi-Arabien führten, anders behandelt als Hinweise auf andere Regionen. Die

Beziehungen zwischen dem Königshaus und dem Weißen Haus sollten offenkundig nicht gestört werden. Als deutsche Ermittler die Telefonunterlagen eines in Hamburg lebenden Marokkaners sichteten, der engen Kontakt zu den Todesfliegern gepflegt hatte, stießen sie auf Nummern in Riad. Der Bundesnachrichtendienst stellte fest, dass es sich bei den Kontaktpersonen vermutlich um fundamentalistische Sympathisanten handelte. Das Bundeskriminalamt bat die amerikanischen Kollegen in einem umfangreichen Rechtshilfeersuchen um Auskünfte über die Inhaber der saudischen Telefonanschlüsse. Während Fragen zu anderen Punkten beantwortet wurden, erwähnten die US-Ermittler die Saudis mit keiner Zeile.

Im Tresor einer islamistischen Einrichtung in Sarajevo stießen US-Ermittler im Frühjahr 2002 auf eine Liste mit den zwanzig wohltätigsten Spendern der al-Qaida. Aus einem vertraulichen Bericht des BND geht hervor, dass zahlreiche Bankiers und Industrielle aus Saudi-Arabien unter den Unterstützern der Terroristen waren. Auch der Name eines früheren saudischen Ministers ist dort verzeichnet.

Auf «vielfältige Weise» sei Saudi-Arabien zum «Epizentrum für die Finanzierung der al-Qaida und anderer Terrorgruppen» geworden, erklärte im Sommer 2003 David Aufhauser, ein hoher Beamter des US-Finanzministeriums, bei einer Anhörung. Der Weg des Geldes ist bekannt: Es fließt mit Hilfe so genannter Wohltätigkeitsvereine und Stiftungen an Gotteskrieger in aller Welt. Insbesondere die saudische «Wohlfahrtsgesellschaft» Wafa unterhielt enge Kontakte zur al-Qaida.

«Die Saudis sind auf jedem Level der Terrorkette aktiv», erkannte das Defense Policy Board: «Als Planer wie als Finanziers, als Kader wie als Fußsoldaten, als Ideologen wie als Cheerleader.»

Osama Bin Laden, die Helfer, das Geld – das alles hätte den USA normalerweise ausgereicht, um Saudi-Arabien auf Platz 1 der Liste der Schurkenstaaten zu setzen. Warum dann die Camouflage? Die Saudis liefern acht Prozent des Öls, das in den Vereinigten Staaten verbraucht wird, und sie haben – noch – die größten Erdölreserven der Welt. Kein Land hat mehr Waffen aus den USA importiert als die Saudis. Für US-Kampfmittel zahlten sie in einem Jahrzehnt mehr als 30 Milliarden Dollar. Viele Mitglieder der Bush-Administration pflegen private und geschäftliche Kontakte ins Herrscherhaus. Es ließen sich lange Listen mit Regierungsmitgliedern aufstellen, die eng mit den Saudis verbunden sind, die Bushs vorneweg: George Bush senior galt in seiner Amtszeit als Intimfreund der Saudis. Mit einer Ölfirma wurde Vater Bush Multimillionär. Er ist Berater des an einer Rüstungsfirma beteiligten Venture-Capital-Unternehmens Carlylel Group, das rund 14 Milliarden Dollar verwaltet – ein beträchtlicher Teil stammt von saudischen Investoren. Vater Bush ist als Vortragsredner in Saudi-Arabien eine Berühmtheit. Sein Sohn George W. Bush arbeitete zunächst bei einem Tochterunternehmen der Carlylel Group und versuchte sich dann im Ölgeschäft. Das Unternehmen geriet in Finanznöte, und saudische Freunde waren behilflich, sodass er glimpflich herauskam.

Guantanamo oder
Das Recht in der Lagerhaft

Sie wurden in Afghanistan, Pakistan oder Gambia von Militärs oder Geheimdienstlern aufgegriffen, wie Pakete verschnürt und in eine andere Welt expediert. Dort kamen sie, bewacht von 1300 Mitgliedern der Sondereinheit «Joint Task Force», in Einzelhaft, wurden monatelang verhört, ohne einen Anwalt zu sehen. Der Präsident des Landes, das sie gefangen nehmen ließ, nannte sie «Killer», ohne ihre Vergangenheit zu kennen. Sie erfuhren, dass sie möglicherweise vor ein Militärtribunal kämen, angeklagt von Offizieren – und auch verteidigt. Dass sie zum Tode verurteilt werden können. Dass eine Revision nur bei einer anderen Militäreinrichtung möglich wäre. Die Entscheidung über den Einspruch hätten allerdings Politiker. Szenen aus China? Geschichten aus der untergegangenen Sowjetunion? – Es ist die Verirrung des Landes, dessen Regierende vor Kabinettssitzungen ein Gebet sprechen und sich auf Gott berufen. Die Vereinigten Staaten haben sich im juristischen Niemandsland einen Gulag zugelegt.

Etwa 610 Männer waren im Frühjahr 2004 auf der an der südöstlichen Spitze von Kuba gelegenen, 117,6 Quadratkilometer großen US-Militärbasis Guantanamo interniert. Sie werden im «Camp Delta» gefangen gehalten, das aus vier Straflagern mit unterschiedlichen Sicherheitsstufen besteht. Sie stammen aus 44 verschiedenen Ländern, viele kommen aus Afghanistan. Die meisten von ihnen sind in zwei mal drei Meter großen Zellen untergebracht, schlafen auf einer schmalen Pritsche, können ein

Hockklo sowie ein Waschbecken benutzen. Die Zellenwände bestehen aus Stahlnetzelementen; ein Dach schützt vor Regen. Ein Pfeil auf der Pritsche markiert die Gebetsrichtung nach Mekka. Die Zellen werden rund um die Uhr von Neonlicht erleuchtet; manche der Wärter erlauben den Häftlingen, nachts die Augen zu bedecken, um schlafen zu können. Manche erlauben es nicht. Teams von zwei oder mehr Soldaten oder Geheimdienstler aus aller Welt verhören die Häftlinge bis zu 16 Stunden am Tag, manchmal «ziemlich aggressiv», wie General Geoffrey D. Miller, der Kommandant der Häftlingskolonie, der Zeitschrift *New Yorker* erklärte. Würden sie länger verhört, wäre das Entzug von Schlaf und damit Folter. Das «Camp der Verdammten» (*Süddeutsche Zeitung*) wurde von der Firma Brown & Root gebaut, einem Tochterunternehmen des Halliburton-Konzerns, dessen Chef bis Ende 2000 US-Vizepräsident Dick Cheney war.

Der rechtliche Status des Militärstützpunktes Guantanamo ist umstritten: Die USA haben die Bucht im Osten Kubas während des Spanisch-Amerikanischen Krieges 1898 besetzt und fünf Jahre später gepachtet. Die Pacht beträgt jährlich 2000 Goldmünzen, die das Regime in Havanna seit Fidel Castros Machtübernahme im Jahr 1959 allerdings nicht mehr annimmt. Während die USA darauf beharren, in Guantanamo bleiben zu können, erklärt die Regierung Castro, die Amerikaner hielten die Bucht rechtswidrig besetzt.

Strategisch ist Guantanamo für die Amerikaner mittlerweile ohne Bedeutung, aber juristisch ist der Stützpunkt von Nutzen. Die Basis liege nicht nur außerhalb der USA, sondern auch außerhalb amerikanischer Souveränität, behauptet das US-Verteidigungsministerium – und damit außerhalb der Zuständigkeit amerikanischer Gerichte. Genau das sei der Grund, warum regelmäßig Gefangene dorthin gebracht werden, so der amerikanische Anwalt Michael Ratner. Er hat Flüchtlinge aus Haiti vertreten, die

1993 nach Guantanamo geschafft und festgehalten wurden, nachdem sie HIV-positiv getestet worden waren. Nach einem für sie günstigen Gerichtsurteil mussten sie freigelassen werden. Inzwischen überprüft auch der Oberste Gerichtshof der Vereinigten Staaten den Status von Guantanamo.

Grundlage für das Vorgehen der US-Regierung ist ein Befehl des Präsidenten vom 13. November 2001. Damals verabschiedete George W. Bush eine Military Order für die Gefangennahme, Behandlung und für Gerichtsverfahren im Kampf gegen den Terror. Ausländern, die unter diese Anweisung fielen, würden demnach die Rechte auf ein faires Verfahren verweigert werden. Die von Bush angekündigten Tribunale würden «die fundamentalen Prinzipien des internationalen Rechts mit Füßen treten», kritisiert Kenneth Roth, der Direktor der New Yorker Menschenrechtsorganisation Human Rights Watch. Die Auswahl der Richter, der Staatsanwälte und Verteidiger obliegt nach einer Verordnung des Präsidenten dem US-Verteidigungsministerium, konkret: Paul A. Wolfowitz. Er entscheidet, wer wegen welcher Vergehen angeklagt wird. Der Anwalt Clive Stafford-Smith, der verschiedene der britischen Gefangenen vertritt, verglich die Militärkomitees mit einer «vielköpfigen Hydra, deren Häupter alle das Antlitz von Wolfowitz tragen». Anders als bei ordentlichen Militärgerichten in den USA war zunächst selbst im Falle eines Todesurteils keine Berufung an ein ordentliches Zivilgericht möglich. Auf Druck der Weltöffentlichkeit bequemte sich das Pentagon 2004, zumindest die Berufungsinstanz mit Zivilisten zu besetzen.

Die dem Pentagon unterstellten Militärtribunale seien «alles andere als unabhängig», befand die *Neue Zürcher Zeitung*. Die Exekutive habe die Verfahrensregeln bestimmt und könne diese, wie das Pentagon ausdrücklich festhielt, sogar während eines Prozesses jederzeit ändern. Ausgerechnet das Land, das Präventivkriege führt, um der Welt angeblich Gerechtigkeit zu bescheren, missachtet elementare Grundsätze des Rechts. Der frühere Ankläger beim Internationalen Tribunal für das ehemalige Jugoslawien, Richard Goldstone, sagte im Oktober 2003 der BBC: «Ein zukünftiger amerikanischer Präsident wird sich für Guantanamo entschuldigen müssen.»

Die USA weigern sich, den Gefangenen, bei denen es sich mehrheitlich um angebliche Taliban- und al-Qaida-Verdächtige handelt, den Status von Kriegsgefangenen zu gewähren oder sie als Terroristen zu behandeln. Im ersten Fall müsste nach einem Verfahren vor einem Kriegsgericht das Urteil in der Berufung von einem Zivilgericht untersucht werden. Im zweiten Fall müssten sie nach amerikanischem Strafrecht behandelt werden. Um die Männer quasi für vogelfrei erklären zu können, nahm das US-Verteidigungsministerium den Standpunkt ein, Kämpfer der Taliban und von al-Qaida fielen schon deshalb nicht unter die Genfer Konvention, weil sie bei ihrer Gefangennahme keine Uniform getragen und folglich die Gesetze des Krieges nicht befolgt hätten. Nach Ansicht von Experten greift diese Argumentation nicht. Nicholas D. Kristof hat in der *New York Times* darauf verwiesen, dass auch Widerstandsbewegungen, die nicht zu den regulären Streitkräften gerechnet werden dürfen, unter die Konvention fallen. Beispielsweise sei die «Arabische Brigade» der al-Qaida, die innerhalb der Streitkräfte der Taliban ihren Platz hatte, ein Teil der regulären Streitkräfte gewesen.

Die Häftlinge des Camps in Guantanamo, das von dem Reservisten der Nationalgarde, Oberst Nelson Cannon, einem Sheriff aus Michigan, geleitet wird, sind als eine Art Klassengesellschaft organisiert. Sie sind in vier verschiedene Kategorien eingeteilt. Nur wer angeblich über Informationen verfügt und bedingungslos kooperiert, hat eine Chance in die erste Klasse, das Lager Nummer vier mit den Gruppenbaracken zu gelangen. Dort muss er nicht mehr die leuchtend orangefarbene Häftlingskleidung tragen, sondern bekommt weiße Kleidung. Er darf lesen, sich mit anderen Häftlingen unterhalten und Sport treiben. Etwa jeder sechste Häftling lebt in Lager vier. Um in den Genuss von Privilegien zu kommen, erzählt mancher das Blaue vom Himmel. Zum Beispiel über angeblich geplante Terroraktionen, was dann in den USA wieder zu Alarmmeldungen führt. Der Ertrag der Verhöre ist umstritten: Die US-Regierung beharrt darauf, sie gewinne wichtige Erkenntnisse. Innerhalb der Geheimdienste gelten die Informationen aus Guantanamo allerdings als fragwürdig. Auch drei Beamte des Bundesamtes für Verfassungsschutz und des Bundesnachrichtendienstes waren, wie der *Spiegel* berichtete, im Herbst 2002 auf der Insel, um Gefangene «informell zu befragen». Ein Inhaftierter, in der Szene als «Bremer Taliban» bekannt, wurde in Fußfesseln vorgeführt. Ein Bewacher riss seinen Kopf nach hinten, damit er keine plötzlichen Bewegungen machen konnte.

Man fühlt sich an das «Neusprech» in George Orwells Roman «1984» erinnert, die Begriffe bekommen eine andere Bedeutung: Man hört Gerechtigkeit und sieht unkontrollierte Militärjustiz, man hört Verhör und muss Folter befürchten. Der Stärkere legt die Bedeutung der Wörter fest. Weil die gewaltsame Erpressung von Geständnissen den Prinzipien eines Rechtsstaats Hohn spricht, haben die Vereinten Nationen 1949 die Allgemeine Erklärung der Menschenrechte verabschiedet. Ein Jahr später folgten die Europäische Menschenrechtskonvention, die Anti-Folter-Konvention der UN. Auch die amerikanische Regierung tritt seit Jahrzehnten für die Abschaffung der Folter ein. Allerdings wurden früher schon – in Honduras beispielsweise – Fälle bekannt, in denen CIA-Mitarbeiter Gefangene von befreundeten Diensten im Ausland foltern ließen und dabei zuschauten.

Aber nach dem 11. September erhoben die Amerikaner solch brutales Vorgehen zu einer gerechtfertigten Methode. Gefangene, die nicht kooperieren wollten, wurden den Diensten in Marokko, Ägypten oder Jordanien übergeben. In Amman wurden Häftlinge mit Hilfe der Bastonade zu Aussagen gezwungen. Der Deutsch-syrer Mohammed Zammar, der zum Freundeskreis des Terror-piloten Mohammed Atta gehörte, wurde von der CIA an die Syrer weitergereicht, die für ihre speziellen Foltermethoden berüchtigt sind. «Wir kicken nicht die Scheiße aus ihnen heraus, sondern wir schicken sie in andere Länder, wo die Scheiße aus ihnen heraus-gekickt wird», berichtete ein Insider der *Washington Post*. Die amerikanische Öffentlichkeit empfinde die Methoden als «ge-recht und notwendig». Gefangene werden mit Hilfe von «Stress- und Zwangstechniken» vernommen: Dazu gehört, dass sie Ka-puzen überziehen müssen, nicht schlafen dürfen, stundenlang in unangenehmen, schmerzhaften Positionen verharren müssen. Verletzten oder Kranken werden Schmerzmittel verweigert. Manchmal müssen sich Gefangene nackt ausziehen und in ihrer Zelle warten, bis ein neuer Befehl kommt. «Softening them up», nennen das die Amerikaner – die Gegner aufweichen. «Wenn du nicht die Menschenrechte von ihnen hin und wieder verletzt, dann erledigst du wahrscheinlich deinen Job nicht», sagte der In-sider der *Washington Post*.

Die meisten der Insassen im Gefangenenlager Guantanamo waren zunächst auf den etwa 60 Kilometer nördlich von Kabul gelegenen amerikanischen Luftwaffenstützpunkt Bagram ge-bracht worden. In einem noch aus sowjetischer Besatzungszeit stammenden Hangar wurden sie aussortiert: Wer ganz wichtig war, kam nicht nach Kuba. Er wurde weiter in einem speziellen Hochsicherheitstrakt in Bagram oder auf der Insel Diego Garcia im Indischen Ozean von Spezialisten des amerikanischen Ge-heimdienstes ausgequetscht. Die großen Fische, die Drahtzieher des 11. September, wie der Logistiker der Hamburger Zelle, Ramzi Binalshibh oder der al-Qaida-Stratege Chalid Scheich

Mohammed, werden an geheimen Ort verhört. In Bagram packte zum Beispiel der frühere al-Qaida-Militärführer Abu Zubaida aus. Er war bei seiner Festnahme angeschossen worden und bekam kein Mittel gegen die Schmerzen – bis er redete. In Bagram deklarierte ein Militärarzt den Tod zweier Gefangener als «Mord». Eine Untersuchung verlief im Sande.

Im Dezember 2003 befand der *Stern* nach Gesprächen mit den ersten Freigelassenen aus Guantanamo, das Lager sei «zum Symbol für Amerikas rücksichtslosen Umgang mit Menschenrechten im Krieg gegen den Terror» geworden. Der 52 Jahre alte Mohammed Saghir aus dem Norden Pakistans, der zehn Monate lang in Camp Delta gefangen war, berichtete von Hungerstreiks, einem Häftlingsaufstand, von verwirrten und verzweifelten Mithäftlingen und davon, «wie seine Glieder steif froren, als sie ‹mich 24 Tage lang in eine dunkle Isolationszelle steckten und eiskalte Luft hineinleiteten›». Nach zehn Monaten Haft wurde er kommentarlos entlassen und in seine Heimat zurückgeflogen. Jetzt verlangt er eine millionenschwere Entschädigung. 340 Häftlinge gelten nach den Kategorien der US-Militärs als «gefährlich», die übrigen als «minder gefährlich». «Einige sehr, sehr üble Leute» seien im Camp Delta, sagt Captain Les McCoy, der Kommandant der Marinebasis. Sie seien an Terroranschlägen beteiligt gewesen oder hätten Attentate geplant. Wer weiß. Viele der Inhaftierten sind jedenfalls harmlos. Mancher von ihnen wurde in Afghanistan von Einheimischen gefangen genommen, weil die Amerikaner für Gefangene ein Kopfgeld ausgesetzt hatten. Dazu gehören etwa die fünf Männer aus Kuwait, die dem Aufruf einer humanitären Organisation gefolgt waren und in Afghanistan helfen wollten. Das zumindest behauptet ihr Anwalt in Washington, den ihre Angehörigen engagiert haben. Bislang hat er weder mit seinen Mandanten sprechen können, noch wurde ihm mitgeteilt, was genau ihnen eigentlich vorgeworfen wird. Rund ein Drittel der Gefangenen hält selbst die CIA für unschuldig. Dennoch wird auch ihnen nicht das Recht gewährt, ihre Unschuld zu beweisen.

Mehr als zwanzig Männer in diesem Lager der Verdammten haben versucht, Selbstmord zu begehen. Wenn sich jemand in seiner Verzweiflung nur das Handgelenk aufschlitzt, gilt das nach den Regeln der Statistik nicht als Suizidversuch; sonst sähe die Bilanz noch trüber aus. Im Februar 2003 wurden zwischenzeitlich sogar Jugendliche, zwischen 13 und 15 Jahren alt, in Guantanamo weggesperrt. Sie standen im Verdacht, mit Terroristen kooperiert zu haben, waren allerdings unter humaneren Bedingungen als die Erwachsenen untergebracht. Es «heißt, das sind Jugendliche, aber sie spielen nicht in der Jugendliga, sondern in der Erwachsenenliga, in einem Terroristenteam», behauptete General Richard P. Meyers, der erste Lagerkommandant. Inzwischen sind sie freigelassen worden.

Mindestens sechs Gefangene wurden nicht in Afghanistan, sondern in Bosnien oder der Herzegowina von US-Soldaten festgenommen. Amnesty International (ai) berichtet, dass die Gefangenen nach Kuba gebracht wurden, ohne die im Dayton-Abkommen bei solchen Festnahmen und Überstellungen zwingend vorgesehene Entscheidung der bosnischen Human Rights Chamber abzuwarten. Diese entschied sich später dagegen, ebenso der Oberste Gerichtshof von Bosnien. Die Männer seien ohne Rechtsgrundlage aus einem souveränen Land fortgeschafft worden, erklärte ai, bestehendes Recht sei «klar umgangen» worden. Es gebe «keine rechtliche Basis» für die «willkürliche» Überstellung, sagt auch Madeleine Rees, die Vertreterin des Menschenrechtsbeauftragten der Vereinten Nationen in Bosnien-Herzegowina.

So fadenscheinig das Recht auf Beistand für die Inhaftierten auch ist, der Lagerleitung ging es offenbar noch zu weit. Eine erste Gruppe amerikanischer Militärjuristen, die Gefangene verteidigen sollte, kritisierte, dass alle Gespräche abgehört werden könnten. Noch am Tag ihres Protestes dagegen wurden die Verteidiger, wie der britische *Guardian* berichtete, aus ihren Ämtern entlassen. Ihre Nachfolger indessen ließen sich von solchem Druck nicht lange von eigenen Protesten abhalten. Sie wandten sich im Januar 2004 in einer Stellungnahme an den Supreme Court der USA und rügten die Verfahrensregeln. Tribunale, die nicht vor Zivilgerichten angefochten werden können, seien «monarchistisch» und glichen einem «schwarzen Loch». Die Verteidiger zweifelten, ob eine solche Abschottung gegen Zivilgerichtsbarkeit mit der amerikanischen Verfassung vereinbar sei. Präsident Bush habe mit dieser Verfügung seine Kompetenz als Oberkommandierender der Streitkräfte überschritten.

Bis Februar 2004 wurden rund 90 Gefangene entlassen. Innenpolitischem Druck nachgebend, hat die US-Regierung im Februar 2004 die Freilassung weiterer Gefangener angekündigt. Allerdings kündigte die US-Regierung ebenfalls und beinahe zeitgleich an, der Großteil der Gefangenen in Guantanamo müsse sich auf eine lange Haft einstellen. Man werde die Fälle dieser Langzeitgefangenen jährlich begutachten, erklärte US-Verteidigungsminister Donald Rumsfeld. Die Gefangenen dürfen ihren Fall einmal im Jahr einem Begnadigungsausschuss vorlegen. Das Gremium soll dann entscheiden, ob der Häftling als Risiko für die USA weiter festgehalten, ob er freigelassen oder zur weiteren Strafverfolgung seinem Heimatland überstellt werden soll. Manche der Häftlinge sollen so lange im Camp bleiben, bis die USA den Krieg gegen den Terror für gewonnen erklären. Weil der Krieg gegen den Terrorismus aber vermutlich niemals enden wird, werden sie womöglich nie freikommen. Lebenslänglich ohne Prozess und Anwalt – es wäre der Todesurteil für den amerikanischen Rechtsstaat.

Die Politik greift nach der Justiz

Die amerikanische Justiz gibt sich traditionell gern wehrhaft, aber in der Amtszeit von George W. Bush hat sie aufgerüstet, als sei sie die letzte Bastion vor dem Weltuntergang. Sie ist zum Gefecht gegen alles und alle angetreten, die verdächtig sein könnten, verdächtig zu sein. «Terrorismusverdächtige wegzuschließen, die irgendein Gesetz gebrochen haben, ist unsere Strategie zur Verhinderung weiteren Terrorismus», lässt die Regierung erklären. Die Bundespolizei FBI darf ohne Verdachtsmomente Wohnungen durchsuchen und muss die Betroffenen darüber auch nachträglich nicht unterrichten. Sie darf Bibliotheken verpflichten, die Daten von Besuchern herauszugeben, ohne dass, wie früher vorgeschrieben, ein Richter eingeschaltet wird. Die Trennung von polizeilicher und geheimdienstlicher Arbeit ist praktisch aufgehoben. Tausende Immigranten arabischer und südasiatischer Herkunft wurden festgenommen und mussten ohne ordentliches Verfahren monatelang oder auch jahrelang in Gefängnissen schmoren. Der allgemeine Verdacht des Terrorismus reicht mittlerweile aus, um Bürger ein halbes Jahr lang ohne Begründung festzuhalten. Und die Frist kann ohne richterliche Überprüfung immer wieder um sechs Monate verlängert werden.

Seit dem 11. September hat sich in den Vereinigten Staaten neben dem herkömmlichen ein zweites Rechtssystem entwickelt, eine Art Schattenjustiz. Eine Justiz als Ausfluss des Vorurteils, der Emotionen, ja des blinden Hasses, die in ihrer Parteilichkeit keine Sünde, sondern eine Tugend sieht. Sie ist ein Angriff des Staates auf die Verfassung des Staates. Geschockt von den Anschlägen auf das World Trade Center, hatten die Amerikaner die massive Erweiterung der staatlichen Befugnisse zunächst fast widerstandslos akzeptiert. Die Kritik der Weltöffentlichkeit an der Aufrüstung der amerikanischen Justiz löste eher Verständnislosigkeit aus.

Denn die Amerikaner sind in der Regel rechtsgläubiger als Bürger anderer Nationalitäten. In ihrer Vorstellungswelt gibt es ein Recht, das Recht ist, weil es ihr Recht ist. Es ist nicht zuletzt der Glaube an das Recht, der Amerika lange Zeit vereint hat. Die Gründe dafür liegen in der Geschichte: Lange vor der Unabhängigkeitserklärung 1776 hatten sich die weißen Siedler vom König in England losgesagt, weil er ihrer Meinung nach seine eigenen Gesetze willkürlich befolgte. Reiche Freunde nahm er von Besteuerung aus, den Kolonien allerdings drückte er zusätzliche Steuern auf, um seine Kriege zu finanzieren. Die Siedler gründeten eine Republik, die kein König, sondern «the law» beherrschen sollte: das Recht. So wurde die «rule of law not men» zum Ideal Amerikas. Seither ist auch die Politik in den USA stärker verrechtlicht als in Europa.

Viele Amerikaner sind der Ansicht, ihr Rechtssystem sei das beste der Welt. Und deshalb haben sie auch kein Problem damit, wenn sich amerikanische Politiker über internationales Recht hinwegsetzen. «Wenn die Amerikaner eine Legitimation für ihre Aktionen im Ausland suchten», schreibt Robert Kagan in seinem Essay «Macht und Ohnmacht», «dann suchten sie diese nicht bei supranationalen Institutionen, sondern in ihren eigenen Prinzipien.» Internationales Recht ist folglich nur gutes Recht, wenn es sich aus der *rule of law* ableiten lässt. Aus diesem Grund glauben noch immer viele Amerikaner, «dass sie den Interessen der Menschheit dienen, wenn sie ihre eigenen Interessen fördern».

185

Für Außenstehende ist das freilich nur schwer nachvollziehbar. Zumal wenn man auf die Praxis der Rechtsprechung in den USA blickt. Die Gerichte in den USA machen weiterhin häufig Unterschiede nach Einkommen, Geschlecht und Rasse, gerade auch bei schwer wiegenden Delikten. So wird die Vergewaltigung einer schwarzen Frau im statistischen Durchschnitt mit zwei Jahren Haft bestraft. Bei einer hispanischen Frau sind es fünf Jahre Haft. Doch wer das Verbrechen an einer weißen Frau begeht, muss mit zehn Jahren Haft rechnen. Justitia achtet nicht selten penibel auf Status und Herkunft. Grundsätzlich ist die Wahrscheinlichkeit, dass Schwarze verhaftet, nicht gegen Kaution freigelassen werden und dass ihnen bei einem Kapitalverbrechen die Todesstrafe droht, ungleich höher als bei Verdächtigen mit weißer Hautfarbe. In den USA waren schon immer einige gleicher als gleich.

Es gibt viele Unterschiede zwischen dem amerikanischen Rechtssystem und den europäischen Rechtssystemen. Grundlegend ist, dass das kontinentaleuropäische Recht dem römischen Prinzip der Kodifizierung folgt, also der Orientierung an schriftlich niedergelegten Gesetzen, während das amerikanische System dem angelsächsischen Prinzip des *common law* (Gewohnheitsrecht) folgt und von Einzel- bzw. Präzedenzfallentscheidungen geprägt ist. So können die Rechtsnormen auch innerhalb der USA zwischen verschiedenen Bundesstaaten deutlich voneinander abweichen.

Beispiellos ist auch die Macht der richterlichen Autorität. Über «schuldig» oder «nicht schuldig» hat bei Kapitaldelikten zwar allein die Jury zu befinden, doch der Einfluss des Richters auf das Verfahren ist kaum zu unterschätzen. Er lässt Fragen zu, er lehnt Fragen ab. Er schaltet sich in die Befragung ein. Er fasst die Beweisaufnahme zusammen. Er gibt die Fragen auf, die von der Jury beantwortet werden müssen.

Seit vielen Jahrzehnten wird den Amerikanern gepredigt, vor

186

Gericht zu ziehen, wenn sie ein Problem haben. Mittlerweile gibt es in den USA mehr als eine Million Anwälte, die auf vielerlei Wegen versuchen, ins Geschäft zu kommen. Die großen Konzerne, häufig im Fadenkreuz klagefreudiger Konsumentenanwälte, haben eine Gegenbewegung organisiert. Sie verstärken schon seit Jahren den Druck auf die Kläger, sich außergerichtlich zu einigen, und unterstützen Kandidaten für Richterämter in den Bundesstaaten mit hohen Summen. Allein in den vergangenen sechs Jahren haben Unternehmen in den USA rund 100 Millionen Dollar ausgegeben, um das rechtliche Klima in den USA zu verändern. Eine rechte Aktionsgruppe mit dem Namen «Republican Attorneys General Association» pumpt Millionen Dollar Firmengelder in die Wahlkampfkassen von wirtschaftsfreundlichen Staatsanwälten und Richtern. Ihr Anführer, der oberste Staatsanwalt von Alabama, William Pryor, ist Wunschkandidat von Bush für eines der 13 wichtigen Berufungsgerichte in Washington. Auf seiner Nominierungsliste stehen weiter eine energische Abtreibungsgegnerin aus Texas und eine Richterin aus Kalifornien, die mit Urteilen gegen Gewerkschaften und Frauenrechtlerinnen aufgefallen ist.

Auf der Bundesebene besteht die Gerichtsbarkeit aus 89 Bezirksgerichten, 13 Berufungsgerichten und dem Supreme Court. Der politische Kampf wird vor allem um die Vorherrschaft in den 13 Berufungsgerichten in Washington geführt, deren Grundsatzurteile fast so viel Bedeutung haben wie die Entscheidungen des höchsten Gerichts, des Supreme Court. Die Richter aller Bundesinstanzen werden vom Präsidenten nominiert und, wenn der Senat zustimmt, ernannt – und zwar auf Lebenszeit.

Anders als sein Vorgänger Bill Clinton gibt sich Bush alle Mühe, die Dritte Gewalt zu erobern. Er hat ihr schon jetzt viel zu verdanken, schließlich waren es Richter, die seine Wahl entschieden. Als bei der Wahl 2000 Zweifel laut wurden, dass es bei der

Auszählung in dem Sonnenstaat, dessen Gouverneur Bushs Bruder Jeb ist, mit rechten Dingen zugegangen war und das oberste Gericht von Florida eine zweite Auszählung der Stimmen verlangte – die möglicherweise Al Gores Sieg bedeutet hätte –, zogen die obersten Richter in Washington den Fall an sich und verhinderten die nochmalige Auszählung. Obwohl sie eigentlich gar nicht zuständig waren.

Der oberste Gerichtshof Supreme Court in Washington habe im Streit Bush gegen Gore eindeutig parteiisch entschieden, befindet Howard Gillman, Politikprofessor der University of Southern California, in seinem Buch «The votes that counted». John Paul Stevens, einer der Richter, die im Supreme Court der Mehrheit unterlegen gewesen waren, betonte nach der Entscheidung für Bush: «Auch wenn wir vielleicht nie erfahren werden, wer die Präsidentschaftswahlen in diesem Jahr gewonnen hat, so wissen wir doch genau, wer sie verloren hat. Die Nation hat ihr Vertrauen in den Richter als unparteiischen Wächter über die Herrschaft des Rechts verloren.» Mehr als 600 Juraprofessoren aus allen Teilen des Landes protestierten in einer ganzseitigen Anzeige in der *New York Times*: «Der Supreme Court hat seine Macht genutzt, um wie politische Partisanen zu urteilen, nicht wie die Richter eines Gerichts», kritisierten sie. Sie warfen dem Gericht vor, «Fakten zu unterdrücken, um die Bush-Regierung legitim erscheinen zu lassen». Die obersten Richter hätten «als Propagandisten, nicht als Richter gehandelt».

Bush belohnte nach dem ihm von Richtern zugesprochenen Sieg die Erzkonservativen, die ihn mit allen Mitteln unterstützt hatten, mit einer wichtigen Personalentscheidung. Er machte den Rechtsaußen John Ashcroft, einen bekennenden Kreuzzügler, zum Justizminister, dessen Ministerium rund 135 000 Mitarbeiter in aller Welt hat. Ashcroft unterstehen die Bundespolizei FBI, die Einwanderungsbehörde INS, die Drogenkontrollbehörde DNA, die Gefängnisbehörden sowie die Generalstaatsanwälte. Ashcroft, Jahrgang 1942, ehemaliger Justizminister, Gouverneur und Senator aus Missouri, Enkel und Sohn von Wanderpredigern, ist als Mitglied der Pfingstler der Liebling der frömmelnden Eiferer in den USA. Pfingstler, die zum protestantischen Spektrum gehören, glauben, vom Heiligen Geist beseelt zu sein und wähnen das Jüngste Gericht nahe.

Vehement tritt Ashcroft seit Jahrzehnten für die Einführung des Schulgebets ein. Profiliert hat er sich als Abtreibungsgegner. Er lehnte Schwangerschaftsabbrüche auch nach Inzest und Vergewaltigung ab und plädierte dafür, das Abtreibungsverbot verfassungsrechtlich zu verankern. Homosexualität hält er für Sünde. Im Senat hat er die Ernennung eines schwulen Diplomaten zum Botschafter in Luxemburg mit allen Mitteln bekämpft. Natürlich ist Ashcroft für das Recht auf Waffenbesitz. Nach seiner Ernennung jubelte ein Vertreter der Waffenlobby NRA, nun habe sie einen direkten Draht ins Weiße Haus. Dass Ashcroft von politischem Ausgleich nichts hält, hat er den Amerikanern mit einem Spruch klar gemacht: «Es gibt zwei Dinge, die sich auf der Mitte des Weges befinden: Liberale und totgefahrene Stinktiere. Ich will keins von beiden sein», erklärte er.

Er war wahrlich nie ein Mann der Mitte. Die Nominierung des schwarzen Richters Ronnie White zum Bundesrichter hat er verhindert, weil er meinte, White sei zu nachgiebig und befürworte die Todesstrafe nicht entschieden genug. Er setzte Richter auf eine schwarze Liste, die angeblich nicht hart genug urteilten. Dabei hatte White zumindest mehr Todesurteile verhängt als der Richter, der statt seiner nominiert wurde. Ashcroft polarisiert: Anfang 2001 billigten nur 58 der 100 Senatoren seine Berufung zum Minister.

Der fromme Pfingstler raucht nicht, trinkt keinen Alkohol, tanzt nicht und betrachtet die amerikanische Regierung als ein

Werkzeug göttlicher Vorsehung. «Er hält sich für einen Mann des Schicksals, er glaubt, dass der Herr ihn führt», erklärte ein alter Weggefährte Ashcrofts. Gelegentlich vergleicht sich Ashcroft mit Jesus Christus. Wie George W. Bush teilt er die Welt in Gut und Böse, Himmel und Erde ein. Er verkörpert die amerikanische Version des religiösen Fundamentalismus. Der Politiker, der von Amts wegen die Trennung von Kirche und Staat garantieren muss, führte nach seinem Amtsantritt sogleich eine Morgenandacht im Justizministerium ein. Sicher, die Teilnahme der Mitarbeiter seines Hauses war freiwillig, aber sie taten gut daran, zu kommen. «Recht hat nicht mit Vergebung zu tun», erklärte Ashcroft seinen Leuten. «Es hat oft mit Vergeltung zu tun und oft sogar mit Rache.»

Seit dem 11. September hat Ashcroft eine Schlüsselrolle im Kabinett des 43. Präsidenten. «John, sieh zu, dass so etwas nicht wieder passiert», sagte Bush nach den Anschlägen zu ihm, und Ashcroft kam über die Justiz wie der Wolf über die Schafe. Er erlaubte das Abhören der Gespräche von Anwälten mit ihren Mandanten und ließ Tausende inhaftieren, weil sie arabischer Herkunft waren. Er konnte darauf verweisen, dass massenhafte Präventivhaft von Ausländern in Krisenzeiten in den USA Tradition hat. Im Zweiten Weltkrieg beispielsweise waren mehr als 110000 japanische Einwanderer interniert. Auf Drängen von Ashcroft wurde im Herbst 2001 ein Anti-Terror-Gesetzespaket mit dem komplizierten Namen «Uniting and Strengthening America by Providing Appropriate Tools Required to Intercept an Obstruct Terrorism Act of 2000» (USA Patriot Act) eingebracht worden, mit dem rechtsstaatliche Sicherheiten noch stärker beschnitten wurden.

Die Argumentation von *law and order* ist überall auf der Welt dieselbe: Neue Dimensionen des Verbrechens erfordern neue Antworten des Rechtssystems darauf. Und am Ende soll der

Einzelne beweisen, dass er nicht gefährlich ist. Aber in kaum einem anderen zivilisierten Land ist das Recht so pervertiert worden wie in den USA. Im November 2003 berichtete die *Washington Post* über den Fall des Algeriers Benamar Benatta, der wenige Tage nach dem 11. September verhaftet worden war, weil er angeblich am Anschlag auf das World Trade Center beteiligt war. Er war aufgefallen, weil sein Visum abgelaufen war, weil er sich eine falsche Sozialversicherungskarte besorgt und in Kanada Asyl beantragt hatte. Zwei Monate nach seiner Verhaftung bescheinigte ihm das FBI, er sei nicht in den Massenmord verwickelt gewesen, er sei unschuldig. Benatta blieb dennoch in Haft. Ein Amtsrichter stellte im September 2003 fest, die Bundesbehörden hätten getrickst und getäuscht, um Benatta festzuhalten. Die nachgeschobenen Haftbegründungen grenzten «an Lächerlichkeit». Doch Benatta befand sich auch im Frühjahr 2004 noch in Haft. Er empfing den kundigen *Zeit*-Korrespondenten Thomas Kleine-Brockhoff und schilderte ihm unaufgeregt seine Lage. Immerhin wurde er aus dem Hochsicherheitstrakt in die Administrativhaft der Einwanderungsbehörde verlegt und konnte einen Asylantrag stellen: «Eine schnelle Entscheidung erwartet er nicht», so die *Zeit*. Im Kampf gegen das Böse, so scheint es, wird Amerika seinen in der Tat bösen Gegnern immer ähnlicher. Es geht um Vergeltung, es geht um Rache – Kritiker sind unerwünscht.

Im Land der angeblich unbegrenzten Meinungsfreiheit gelten ausländische Journalisten mittlerweile als Gefahr. Die US-Behörden wollen bei der Einreise genau wissen, für welches Medium der Journalist arbeitet und worüber er berichten will. Wer sich weigert, Auskunft zu geben, läuft Gefahr, zum Verhör gebracht zu werden. Visumspflichtige Besucher müssen sich seit Beginn des Jahres 2004 bei der Ein- und Ausreise fotografieren und ihre Fingerabdrücke abnehmen lassen.

Allerdings ist die Annahme einiger europäischer Kritiker, Amerika sei in der Ära Bush zu einer Art Notstandsdiktatur verkommen, dennoch eine arge Übertreibung. Es wächst vielmehr die Opposition gegen die Politik von Bush und Ashcroft. Initiativen der Bush-Regierung zum weiteren Ausbau von Überwachung hat der Kongress inzwischen verhindert. So sollten Busfahrer, Postboten, Zimmermädchen und noch weitere Berufsgruppen zu Hilfssheriffs gemacht werden, die Verdächtiges hätten melden müssen. Doch daraus wird nichts. Gescheitert ist auch der Versuch, behördliche und private Datenbanken nach verdächtigen Hinweisen auf Reisen oder Finanzen von Bürgern zu durchforsten.

Mehr als 200 Städte und Gemeinden, darunter San Francisco, Chicago und Austin, sowie die drei Bundesstaaten Alaska, Hawaii und Vermont haben Resolutionen verabschiedet, in denen sie den Patriot Act als Gefahr für die freiheitliche Ordnung des Landes bezeichnen.

Berufungsgerichte in New York und San Francisco haben in den Fällen zweier Guantanamo-Insassen Bushs «Krieg gegen den Terror» in wesentlichen Punkten kritisiert. Auch im Namen der Terrorismusbekämpfung dürften Grundsätze der Rechtsstaatlichkeit und Demokratie nicht geopfert werden. Und in beiden Urteilen werden Mindeststandards für Häftlinge gefordert. Sicherheit auf Kosten der Freiheit, so der Tenor der Entscheidungen, ende in Unfreiheit. Gerade in Zeiten nationalen Notstands, so die kalifornischen Richter, «ist es die Verpflichtung der Judikative, den Erhalt unserer konstitutionellen Werte zu sichern und die Exekutive daran zu hindern, auf den Rechten von Bürgern und Ausländern herumzutrampeln».

Das Pendel schwingt allmählich zurück.

Der Kampf um Amerika

Unter zivilisierten Menschen herrscht Einigkeit darüber, dass der Vietnamkrieg politisch, militärisch und moralisch ein Fehler war. Er kostete fast 60 000 Amerikaner – und vor allem vermutlich insgesamt drei Millionen Vietnamesen – das Leben. Er brachte das Land gegen seine Regierung auf und die gesamte Welt gegen das Land. (Dass der Sieg Nordvietnams über den Süden selber eine Katastrophe war, steht auf einem weiteren Blatt.) Richard Nixon wurde 1968 mit dem Versprechen zum Präsidenten gewählt, dass er den Krieg beenden und die Soldaten nach Hause holen werde. Das Ende des Vietnamkriegs dauerte dann freilich länger als die Amtszeit Richard Nixons (1969–1973). In diesen Jahren konnte man den Eindruck eines Bürgerkriegs bekommen. Studenten und Wehrpflichtige demonstrierten gegen den Krieg, der Staat setzte die Polizei und die Nationalgarde ein. Es gab Tote. Die Schwarzen radikalisierten sich, in den Ghettos brannte es, die Großstädte drohten zu explodieren.

Es waren nicht die schlechtesten Amerikaner, die sich dem Einsatz in Vietnam entzogen, die statt nach Indochina lieber nach Schweden oder Kanada gingen, wo sie politisches Asyl erhielten, oder durch ein klug genutztes Stipendium in Oxford der Einberufung entgingen. Diesen Weg wählte Bill Clinton und brachte es 1992 dennoch zum Präsidenten und, damit verbunden, zum Commander-in-Chief. Wenn er in dieser Eigenschaft am Memorial Day die Truppenparade abnahm, zeigte das Fernsehen immer

wieder Soldaten, die in perfekter Haltung, die Uniform glatt ge-
bügelt und den Kopf bis knapp unter den Scheitel rasiert, ihrem
Oberbefehlshaber den Rücken zuwandten. Clinton ließ sie ebenso wenig dafür bestrafen wie es die unmittelbaren Vorgesetzten
dieser Protestierer taten; ein Eingeständnis der Ohnmacht. Der
jugendliche Clinton hatte gegen den militärischen Kodex verstoßen, sich durch Drückebergerei seiner Pflicht für Volk und Vaterland entzogen. Dennoch wurde er zweimal zum Präsidenten gewählt.

Es war, als hätten die Bürgerrechtler, Pazifisten und Demonstranten von damals nach einem langen Marsch durch die Institutionen endlich ihr Ziel erreicht. Nach schier endlosen Jahren
der republikanischen Herrschaft durften die Hippies einen der Ihren zum Präsidenten wählen, einen, der immer dagegen war, aber
nur ein bisschen, einen politischen Aktivisten, der sich dem Einsatz in Vietnam entzogen hatte, aber eben nicht richtig, der Ma-
rihuana rauchte, aber nicht inhalierte, und der dann, quasi zum
Silberjubiläum des Woodstock-Konzerts, den Verbrecher im
Amt, Richard Nixon, rehabilitiert hat. Im Wahlkampf 1992 ließ
Bill Clinton die Hippie-Hymne von Fleetwood Mac spielen:
«Don't stop thinking about tomorrow».

Komischerweise liegt dieses Morgen bereits in der Vergangenheit, in einem Kindheitsparadies, das man sich drei Augusttage
lange gestattete, um danach nur mehr nostalgisch davon zu träumen. Es war eine bessere Kaffeefahrt damals, im August 1969,
von New York hinauf nach Woodstock. Vom Friedenscamp aus
liefen euphorische Wellen durch das ganze Land, und plötzlich
wollte jeder zur «Woodstock Nation» gehören. Im Abspann des
dazugehörigen Films erklingt die Nationalhymne dieser Nation,
gespielt von Crosby, Stills, Nash & Young: «We are stardust, we
are golden...», und mit etwas Glück, so harmonieren sie weiter,
finden wir wieder zurück in den Garten. Im Sommer 1969 war

194

Amerika, für kurze Zeit wenigstens, tatsächlich «Gottes eigenes Land». Das Paradies, aus dem Adam und Eva einst vertrieben wurden, war auf einmal wieder zugänglich. Jedenfalls glaubten das alle, die dabei waren, und noch mehr die, die gern dabei gewesen wären. Einer der Teilnehmer dieses Friedenscamps, inzwischen Anwalt, erinnerte sich bei einem Veteranentreffen glücksstrahlend, wie ihm in Woodstock ein bis an die Zähne bewaffneter Polizist Feuer für seinen Joint gab. Kiffen unter Polizeischutz, das war wahrscheinlich für viele dieser Generation der wahre amerikanische Traum.

Aber nicht alle verabschiedeten sich mit Blumen im Haar von den traditionellen Machtverhältnissen. Einem Bummelstudenten aus Texas drohte damals ebenfalls die Einberufung. Er allerdings stellte sich nicht taub, als das Vaterland rief, sondern meldete sich freiwillig. Nicht zur Armee freilich, sondern zur texanischen Nationalgarde, Abteilung Luftwaffe, und tat über fünf Jahre so sporadisch Dienst, dass die Aufzeichnungen über seinen Einsatz sehr lückenhaft sind. Doch gibt es ein Foto, das den jungen Piloten bei der Aufnahme in die Texas Air National Guard zeigt: Sein Vater heftet ihm die Rangabzeichen an. Es handelt sich natürlich um Vater und Sohn Bush, die auf klassische Weise konspirierten, um dem Jüngeren zu einer Zeit den echten Wehrdienst zu ersparen, als in Vietnam jeden Tag bis zu sechzig Amerikaner starben.

Und plötzlich ist im Wahljahr 2004 dieser längst vergangene Krieg wieder ein wichtiges Thema. Der Grund dafür liegt auf der Hand: Die USA stecken trotz ihrer militärischen Überlegenheit neuerlich in einem Krieg ohne absehbares Ende, jede Woche sterben Amerikaner für ein Ziel, das sich nicht unbedingt als edelmütig erweist, und die irakische Bevölkerung, um deren Freiheit es doch angeblich geht, wird mit jedem Tag gereizter. Ausgerechnet John Kerry, der demokratische Gegenkandidat von George W. Bush bei der Präsidentschaftswahl im November, verfügt über etwas, das der gegenwärtige Präsident nicht hat: Kampferfahrung. Zugleich, und hier beginnt der Grabenkrieg um das eigentliche Amerika, hat sich John Kerry sehr früh gegen den Vietnamkrieg ausgesprochen. Mehrfach wurde er für seinen heldenhaften Einsatz ausgezeichnet, seine Tapferkeit ist unumstritten, aber in reaktionären Kreisen gilt Kerry dennoch als Verräter. Er war Mitbegründer der «Vietnam Veterans Against the War» (VVAW), trat 1971 vor einem Untersuchungsausschuss des Senats auf und berichtete, amerikanische Soldaten hätten Vietnamesen «vergewaltigt, ihnen die Ohren abgeschnitten, Drähte um ihre Genitalien gewunden und mit Strom beschickt, ihnen Arme und Beine abgeschlagen, Körper explodieren lassen, nach Gutdünken auf Zivilisten geschossen und Dörfer verheert, wie das Dschingis Khan getan hat».

Schon allein für dieses Testat hätte er nach Meinung der Reaktionäre mindestens die Kugel verdient. Inzwischen ist auch ein Foto aufgetaucht, das ihn bei einer Demonstration einige Reihen hinter Jane Fonda zeigt. Obwohl seither bereits dreißig Jahre vergangen sind und Jane Fonda inzwischen mehrere publikumsfreundliche Metamorphosen als Aerobic-Vorturnerin, liebende Tochter, die dem Vater den Oscar verschafft, und als Gattin von Ted Turner hinter sich hat, wird im laufenden Wahlkampf wieder «Hanoi Jane» entdeckt, die Frau, die das Land an die Kommunisten verriet, als sie mitten in der militärischen Auseinandersetzung nach Nordvietnam reiste.

Was ist da passiert? Amerika erlebt eine Phase der inneren Polarisierung, die in einen Wahlkampf mündet, der wie selten zuvor eine Richtungsentscheidung bringen wird. Zu einer Polarisierung gehören zwei. Und gerade noch rechtzeitig hat das liberale Amerika begonnen, sich von den Schlägen zu erholen, die ihm politisch und intellektuell in der Zeit der Bush-Regierung vor allem nach dem 11. September versetzt worden waren. Und mit John

Kerry haben sie plötzlich eine Alternative zu Bush, die einerseits angreifbar ist, andererseits aber auch stimmiger nicht sein könnte. Kerry war 1969 nicht in Woodstock, sondern in Vietnam. Seine Kriegsgegnerschaft versöhnte ihn dennoch mit dem anderen Teil seiner Generation, seinen Patriotismus, seinen Mut und auch sein Bemühen um die Versöhnung Amerikas mit seiner Vietnamvergangenheit können ihm selbst die hartleibigsten unter den Republikanern nicht glaubhaft absprechen. Kerry ist ein Mann mit Widersprüchen – es kann für ihn zum Problem werden, aber auch zu einem Vorteil. Denn ein zweiter Clinton ist er nicht; in seinem Habitus erinnert der ein wenig hölzern wirkende Senator aus der Politaristokratie von der Ostküste eher an Bush. Aber Kerry ist moderater.

Möglicherweise der rechte Mann zur rechten Zeit. Es war nicht zu übersehen, dass sich viele Amerikaner nach den Jahren mit dem Saxophon spielenden, immer zu viel essenden und dazu noch mit einem begehrlichen Auge für fremde Frauen ausgestatteten Präsidenten, der eindeutig der Gegenkultur der sechziger Jahre entstammte, wieder auf jemanden verlassen wollte, der diese sechziger Jahre als Kinderfreizeit begriff, nichts Ernstes, sondern ein Ausrutscher, als man «jung und unverantwortlich» war. Der am eigenen Beispiel vorführen konnte, wie man dem strebsamen Leben entgleiten und doch, wenn es ernst wird, wieder zurückfinden kann zu Gott, Heimat und dem vorgeschriebenen Geldverdienen. Der noch weiß, was Patriotismus ist und am liebsten vor der Kamera die Muskeln der Supermacht spielen lässt. Der sich wie seine Landsleute auf die so genannten Grundwerte Heimat und Familie bezieht und der Kirche den wichtigsten Platz im Dorf lässt.

Vietnam und die Erinnerung daran ist nur noch vordergründig eine Scheidelinie zwischen Konservativen und Liberalen, Demokraten und Republikanern, zwischen George W. Bush und John

Kerry. Es geht zwar um Gut und Böse, aber noch mehr darum, wer definiert, was gut ist und was böse. In Amerika tobt ein Kulturkampf, in dem die Liberalen (freiwillig würde sich in den USA kaum jemand «links» nennen) in den letzten Jahren klar die Verlierer waren. Um den gegenwärtigen Präsidenten haben sich alte und neue Rechte geschart: Wirtschaftsleute, die Ölvorräte in den Naturschutzgebieten ausbeuten wollen; Autohändler, die beim Wort «Treibhauseffekt» Tobsuchtsanfälle kriegen; Abtreibungsgegner, die Geld sammeln für den Mann, der einen Abtreibungsarzt erschossen hat; Elternbeiräte, die sich um «Schmutz und Schund» sorgen; Machtpolitiker, die den historischen Kairos spüren und die USA zum Durchmarsch im Vorderen Orient und dann gleich auch noch in Nordkorea und – warum nicht? – China drängen möchten; Medienwächter, die bei der Andeutung eines nackten Busens im Fernsehen Zeter und Mordio schreien; Familienpolitiker, denen Homosexualität ein Gräuel und Jungfräulichkeit bis zur Ehe ihr Ein und Alles ist; Waffennarren, über die weiter nichts zu sagen ist. Sie alle brauchen für ihr überschaubares Weltbild einen Gegner, den sie sich nach der Vorlage der konservativen Medien zusammensetzen.

Sowenig Slogans und schon gar die im Wahlkampf verwendeten Sprüche sonst aussagen, so bedeutungsvoll war doch ein Schlagwort, das George W. Bush im Wahlkampf von 2000 einführte. Er wandte sich keineswegs direkt gegen seinen Vorgänger – damit hätte er die Würde des Amtes beschädigt, das er selber gerade anstrebte –, sondern gegen die «Liberalen», denen er allen «Relativismus» vorwarf. Ihm und seinesgleichen gab es zu viel Verständnis für alles, zu viel wurde differenziert und skeptisch hin und her gewendet. Dabei war die Sache doch einfach: America first – erst kommt Amerika.

Bush jedenfalls wollte keinen «Relativismus» mehr dulden, er wollte zurück in die Sechziger, aber anders als der lebenshungrige Bill Clinton nicht, um sich auszuleben, sondern um die Befreiung wieder rückgängig zu machen. Und er bereitete damit einen Boden, auf dem sowohl die Ideologie seiner späteren neokonservativen Hilfstruppen gedeihen konnte, als auch die Polarisierung, die den Wahlkampf prägt. Die Welt wird einfacher und überschaubarer, wenn man sich einmal auf dieses «antirelativierende» Denken eingelassen hat. Der Feind steht an der Barrikade und trägt die Haare lang. Den Agitatoren von rechts, die sich so heftig an John Kerrys Pazifismus stören, der für sie nichts anderes als Wehrkraftzersetzung ist, fallen auf den Fotos der Antikriegsdemonstrationen allen Ernstes «Easy Rider»-Schnurrbärte auf.

Der Kampf wird vor allem in den Medien ausgetragen. Jeder weiß inzwischen, dass der Vietnamkrieg im Fernsehen und zu Hause verloren ging. Die erschütternden Bilder sprachen eine eindeutige Sprache, die das viele Reden der Politiker Lügen strafte. Das wird nicht noch einmal vorkommen. Die Macht der visuellen Medien ist aber in den letzten dreieinhalb Jahrzehnten eher noch größer geworden, nur dass sie diesmal nicht in Opposition zur offiziellen Politik stehen, sondern sie bereitwillig nachzeichnen und letztlich propagieren. Die «embedded reporters» im Irakkrieg, sie waren keine neue Entwicklung. Der amerikanische Journalismus neigt wesentlich stärker als beispielsweise der deutsche zur Hofberichterstattung. Wenn der Präsident auftritt, erstarrt das Bild, um den so steif daherkommenden Mann nur ja würdig abzubilden.

Nach dem 11. September hatten sich die Medien, in erster Linie die Fernsehsender, zunächst praktisch gleichgeschaltet. Sie überboten sich gegenseitig in Live-Berichterstattung von den verschiedenen Schauplätzen des «Kriegs gegen Terrorismus». Wer dagegen die Stimme erhob, dem wurde sofort mangelnder Patriotismus vorgeworfen. Die Katastrophe selber und dann die zahllosen Gedenkveranstaltungen, schließlich die Kriegsvorbereitungen und Kriegshandlungen in Afghanistan und zuletzt im Irak lieferten schier unerschöpfliches Bildmaterial. So blieb wenig Gelegenheit für einfache Fragen: Was wusste die CIA alles über einige der Attentäter? Wie stark hatten die USA den Aufstieg Osama Bin Ladens befördert? Wann endete die finanzielle und politische Unterstützung für Saddam Hussein? Wie konnte sich in Arabien dieser infernalische Hass auf Amerika ausbilden? Inzwischen kommen solche Fagen immer häufiger an die Oberfläche.

In der Bedrängnis hatte sich das amerikanische Volk um einen Präsidenten geschart, der ihm die Welt auf einem einzigen Steckbrief zu erklären vermochte: tot oder lebendig. Wahrscheinlich hätte man in dieser Lage gar keinen besseren Präsidenten finden können. Wie wenigstens 80 Prozent seiner Landsleute hat George W. Bush vor seiner Präsidentschaft die USA praktisch nie verlassen. Er verstand es, so schlicht zu formulieren, dass die Botschaft übers Fernsehen als eine Reihe von tröstlichen Losungen rüberkam. Isolationismus war plötzlich das Gebot der Stunde. Kritik am Präsidenten, an seiner Amtsführung wie an seiner überstürzten Politik, wäre nicht bloß majestätsbeleidigend und unpatriotisch, sondern autodestruktiv gewesen.

Das Land brauchte jemanden, zu dem es aufschauen konnte. George W. Bush, darüber gibt es keinen Zweifel, zeigte sich dieser Aufgabe zunächst gewachsen. Die Liberalen aber waren erst einmal abgemeldet. Allmählich – besonders seit die Auseinandersetzung mit den Lügen der Bush-Administration im Zusammenhang des Irakkrieges immer unabweisbarer geworden war – melden sie sich zurück. Und mit John F. Kerry ist ihnen ein demokratischer Präsidentschaftskandidat zugefallen, dessen angebliches Handicap als Senator des in konservativen Kreisen geradezu als liberal verschrienen Staates Massachusetts sich am Ende als Vorteil erweisen könnte. Kerry steht in der Tat für eine Reihe liberaler Positionen. Aber ebenso eloquent, wie er die Regierung

Bush für ihre Fehler in der Afghanistan- und Irakpolitik, in ihrem Kampf gegen den Terror kritisiert, so geschickt versteht er es auch, seine «liberalen» Positionen immer wieder einmal an konservatives Denken anzudocken.

John F. Kerry, Jahrgang 1943, wird gerne unterschätzt. Er gehört, anders als Bush, zu den Menschen, die mehr sind, als sie scheinen. «Einen Ritter von der jammervollen Miene, bar jeglicher Vitalität», apostrophierte ihn das Blatt *Atlantic Monthly*. Dabei ist der hölzern wirkende Mann ziemlich sportlich. Und «zufällig» kam heraus, dass er in seiner Jugend sogar einmal Bassist in einer Rockband war. Seine ersten Sporen verdiente sich Kerry in der Umweltpolitik. Früh positionierte er sich hier gegen die herrschende Politik der Bush-Administration, votierte für die Unterzeichnung des Kyoto-Protokolls zum Klimaschutz und will die umstrittenen Ölbohrungen im Naturschutzgebiet von Alaska verhindern. Umweltschutz ist für Kerry immer auch Wirtschaftsförderung – und er kann sogar beim Kampf gegen den Terror helfen. Investitionen in alternative Energien seien nicht nur gut zur Lösung des Energieproblems, sondern würden auch die Abhängigkeit vom Öl verringern. Kerry griff Bush an, weil er nach dem 11. September das Energieversorgungsproblem nicht zum Gegenstand einer nationalen Anstrengung gemacht hätte. Die Förderung erneuerbarer Energien sei schon deshalb im nationalen Interesse, weil sie unabhängig machten.

Dass Kerry stets für die Beschränkung des Rechts auf Waffenbesitz votierte, das Recht auf Abtreibung befürwortet, keine Problem mit Homosexuellenehen hat, mehr Geld und nicht nur gute Worte in die Schulen und das Gesundheitswesen stecken, ja sogar ein nationales Krankenversicherungssystem einführen will und zudem beileibe kein Freund der Todesstrafe ist – es macht ihn andererseits zu einer klaren Alternative, die den Kulturkampf anheizt, der jetzt ohnehin noch einmal ausgefochten wird.

Die USA sind ein heillos zerrissenes Land: Nirgends ist die Wirtschaft so sehr auf Weltoffenheit und Liberalität angewiesen, kein anderes Land bringt so viele Nobelpreisträger hervor, nirgends ist die Biochemie, die Astrophysik, die Medizin weiter entwickelt, aber kürzlich hat der Obmann für das Erziehungswesen im Bundesstaat Georgia erklärt, er wolle das Wort «Evolution» aus dem Unterricht eliminieren lassen. Seit Jahren schon gibt es eine immer heftiger werdende Strömung, die Charles Darwins bejahrte Evolutionstheorie als «Sciencefiction» denunziert und stattdessen die Kinder nur mehr der reinen Schöpfungslehre aussetzen will, dem Kreationismus. Amerika ist in den letzten Jahrzehnten immer konservativer, ja fundamentalistisch geworden. Die Kirchen erleben in den USA einen Zulauf wie nie mehr in den letzten fünfzig Jahren; anders als in Deutschland und im übrigen Europa verstehen sich die Amerikaner zum allergrößten Teil als gläubige Christen. Und mit einem pseudoreligiösen Vokabular lassen sich offenbar schöne Erfolge erzielen. Selbstverständlich hat der Präsident einen Sendungsauftrag (eine «Mission», wie das sofort aus dem Amerikanischen lehnübersetzt wurde), er begibt sich dafür auf einen «Kreuzzug», hat rechtzeitig die «Achse des Bösen» ausgemacht und will bedrängten Völkern in aller Welt zwar nicht das Evangelium, aber doch «dauerhafte Freiheit» bringen. Diese Rhetorik ist an Schlichtheit kaum zu überbieten und entsprechend wirkungsvoll.

Aber Kerry, gläubiger Katholik wie sein großes Vorbild John F. Kennedy, kann das auch. Sein Anknüpfungspunkt ist die amerikanische Tradition des Kommunitarismus, auch er hat eine Botschaft. Und versteht es zudem, als hochdekorierter Vietnamkämpfer dem konservativen Publikum eine weitere Brücke zu bauen. Sein Wahlkampfbuch «A Call to Service» beginnt nicht zufällig sogleich mit der Geschichte, wie er sich mit einem anderen Vietnamhelden anfreundet: dem republikanischen Senator

John McCain, jenem Liebling der Neokonservativen, der im Jahr 2000 die Präsidentschaftskandidatur gegen Bush nicht erreicht hatte. J. F. K. schätzt John McCain: den geradlinigen Patrioten und ebenden kommunitaristischen Einschlag seines Denkens, den er teilt. «A Call to Service» meint, was es sagt – es ist ein Aufruf ans Volk zum Dienen, zur Arbeit am Gemeinwesen. «Fragt nicht, was euer Land für euch tun kann, sondern fragt, was ihr für euer Land tun könnt», hatte Kennedy, ebenfalls ein Kriegsheld, 1961 gesagt. Kerry will daran anknüpfen. Wenn für die Konservativen und Neokonservativen Ronald Reagan zur ideellen Lichtgestalt geworden ist, so war es für die Demokraten stets John F. Kennedy. Der letzte Senator, der es direkt ins Weiße Haus schaffte, übrigens von Massachusetts aus.

John Kerry war ein ernster junger Mann, der sich früh für Politik interessierte, als eine Halbschwester von Jackie Kennedy ihn 1962 mit John F. Kennedy zusammenbrachte. Der 35. Präsident der Vereinigten Staaten wurde das Idol von Kerry, der fortan seine Briefe mit dem Kürzel J. F. K. unterschrieb. Kerry unterstützte Kennedys jüngeren Bruder Edward, als der sich um einen Senatssitz in Massachusetts bemühte. Im September 1962 schrieb er an den Präsidenten: «Nachdem ich Sie diesen Sommer einige Male in Hammersmith treffen konnte und zur gleichen Zeit für Ihren Bruder in Massachusetts gearbeitet habe, bin ich, um das Mindeste zu sagen, ein glühender Kennedy-Unterstützer.» Wie Kennedy diente auch Kerry in der Marine. Im Wahlkampf ließ er sich von einem Tross von mehr als fünfzig Veteranen begleiten, denen er im Krieg das Leben gerettet hatte.

Neben dem Kampf um kulturelle Leitbilder, der die große, eher unpolitische und schweigende Mehrheit nicht unberührt lässt, haben sich wirtschaftliche Fragen wieder in den Vordergrund gedrängt. In den USA grassiert ein bisher völlig unbekanntes Phänomen: Zukunftsangst, denn die arbeitende Bevölkerung merkt, dass es zwar für manche viel zu verdienen, aber für viele nichts mehr zu arbeiten gibt. Und niemandem kann entgehen, dass die Vormachtstellung der Weißen in den USA wankt. Anders als in den sechziger und frühen siebziger Jahren richtet sich die Furcht nicht mehr gegen die schwarze Bevölkerung. Die hat resigniert oder sich nach dem Vorbild von Condoleezza Rice und Colin Powell den herrschenden Weißen so weit wie möglich angepasst. In einer Millionenstadt wie Houston sind die Weißen bereits in der Minderheit; asiatische und die Einwanderer aus dem nahen Mexiko machen zusammen schon mehr als die Hälfte der Bevölkerung aus. Spanisch wird in wenigen Jahren die Hauptverkehrssprache in Kalifornien sein. Die Zuwanderer nehmen, wie könnte es anders sein, jede Arbeit an und verdrängen die ungelernten weißen Arbeitskräfte. Hier entwickeln sich soziale Fragen, auf die weder Republikaner noch Demokraten plausible Antworten geben.

Insgesamt aber machen dem Präsidenten die Wirtschaftsprobleme mehr zu schaffen als seinem Herausforderer. Und mit Geld kennt Kerry sich aus. Die Wirtschaft ist sein Thema, auch wenn er gegen Bush zunächst den Nimbus des Vietnamveteranen in die Waagschale geworfen hat. Die Kluft zwischen Arm und Reich ist unter George W. Bush noch größer geworden. Kerry verspricht, die von Bush gewährten zusätzlichen Steuerprivilegien wieder zu kassieren, und versucht, sich als Kämpfer gegen die Privilegien des großen Geldes und als Anwalt der kleinen Leute zu positionieren. Ob diese es dem Kandidaten abnehmen, der einer der reichsten Präsidenten in der Geschichte der USA werden würde, ist eher ungewiss. Mit dem alten Vorurteil aufzuräumen, dass Demokraten der Wirtschaft schaden, hat Kerry jedenfalls leichteres Spiel als alle seine Vorgänger. Zumal Bill Clinton nach acht Jahren einen geordneten Bundeshaushalt und einen Arbeitsmarkt mit 32 Millionen neuen Stellen hinterlassen hatte, während vier

Jahre Bush reichten, um das Land zurück in die Schuldenfalle zu stürzen und fast drei Millionen Arbeitsplätze zu vernichten. Bush ist damit der erste Präsident seit Herbert Hoover (1929–1933), der am Ende der Legislaturperiode eine negative Beschäftigungsbilanz vorzuweisen hat. Und die Zahl der Amerikaner, die unter der Armutsgrenze leben, ist unter seiner Ägide auf rund 35 Millionen gestiegen.

Kerrys Wahlprogramm stellt wirtschaftspolitisch denn auch auf das Primat der Ökonomie ab. Darin ist er mitnichten der unberechenbare Linke, als den die konservativen Medien ihn gerne darstellen würden. Der Staat soll die richtigen Rahmenbedingungen für Wachstum schaffen – wenn es sein muss, wohl auch durch Protektionismus. Offene Märkte sind gut, wenn sie Amerika nützen – Kerry ist hier keineswegs so weit entfernt von Bush. Eine solide Haushaltspolitik, eine Steuerreform und damit zusammenhängend die wirtschaftliche Reaktivierung der unteren und mittleren Schichten sollen die Wirtschaft wieder in Fahrt bringen.

Es gibt einen sehr schönen Film von Frank Capra: «Mr. Smith Goes to Washington». James Stewart spielt einen Fähnleinführer, der an irgendeiner Vorschrift scheitert und deshalb sein Anliegen nach Washington trägt, wo er prompt im Kongress eine Rede hält. Schon da, schon vor sechzig Jahren, bestand dieser schier unüberbrückbare Gegensatz zwischen Amerika und seiner Regierung. James Stewarts Freund Ronald Reagan wurde 1980 als Abgesandter des wahren, unverfälschten Amerika nach Washington geschickt, um dort einmal aufzuräumen, und auch George W. Bush folgt diesem Muster: Er ist der eigentlich unpolitische Durchschnittsamerikaner, der sich für das Volk und gegen die Politiker durchsetzen will.

Selbst der Verbraucheranwalt Ralph Nader, der den Demokraten wie schon 2000 womöglich am Ende die entscheidenden

Stimmen wegnehmen könnte, steht dafür. Wieder hat er seine Kandidatur um die Präsidentschaft angekündigt, denn «die beiden großen Parteien kämpfen erbittert um den Einzug ins Weiße Haus, nur um dann die Befehle ihrer Zahlmeister aus der Großkonzernen entgegennehmen zu dürfen». Es gibt, erklärte Ralph Nader bei der Bekanntgabe seiner Kandidatur, «zu viel Macht und Geld in zu wenig Händen». Das ist keine Neuigkeit, sondern nur die linke Variante jener Politikverdrossenheit, deren Verfechter sich von der Zentralgewalt in Washington bevormundet fühlen, die doch nur Steuern erhebt und in ihrem Namen mit dem Geld Krieg in fernen Ländern führt.

John Forbes Kerry hingegen, obwohl väterlicherseits Enkel schlichter Einwanderer aus dem österreichischen Schlesien, ist kein Mann des Volkes, keiner, der in Washington vorbeischaut, um die Verhältnisse vom Kopf wieder auf die Füße zu stellen. Der langjährige (seit 1985) Senator aus Massachusetts ist eigentlich einer von denen, die eher das Misstrauen der Leute erregen. Und er ist steinreich. Seine Mutter, eine geborene Forbes, entstammt der legendären Unternehmerfamilie, er selbst ist in zweiter Ehe mit der Ketchup-Erbin Teresa Heinz verheiratet, deren Vermögen auf rund 500 Millionen Dollar geschätzt wird.

Der Demokrat dürfte besonders den Europäern gefallen, was aber in den USA noch kein Argument für ihn ist. Kerry respektiert die Europäer und kennt die Welt. Außenpolitisch gibt er sich multilateral. Man solle Amerika wieder bewundern, statt es zu fürchten. Dazu müsse die Kooperation mit Freunden und Alliierten wieder selbstverständlich werden, internationale Organisationen müssten respektiert werden. Der Sohn eines Diplomaten setzt auf die Diplomatie, zugleich aber weiter auf Amerikas Stärke. Er spricht fließend Französisch und liest täglich *Le Monde*, sein Deutsch ist besser als das Englisch vieler deutscher Minister, und sein Spanisch ist passabel. Er kann sogar ein wenig

Italienisch. Bush liest am liebsten Heimatromane, Kerry liest Keats, Yeats, Shelley und Kipling – und schreibt selbst Gedichte. Sein kulturelles Interesse ist vielseitig und umfassend, wie *New York Times*-Kolumnistin Maureen Dowd beeindruckt feststellte, als sie den Kandidaten einem Kultur-Quiz unterzog. George W. Bush hatte vier Jahre zuvor mitunter Mühe gehabt, überhaupt zu antworten, und auf die Frage nach seinem besonderen kulturellen Erlebnis gesagt: «Baseball.»

Als John F. Kerry elf Jahre alt war, war die Familie nach Berlin gezogen, wo der Vater als Rechtsberater des US-Gesandten arbeitete. Einmal fuhr der Diplomatensohn mit dem Fahrrad durch das zerstörte Brandenburger Tor, «um mal zu sehen, wie es bei den Sowjets aussieht». Er kam in ein Schweizer Internat und wechselte später auf ein Elite-Internat in New Hampshire. Wie George Bush (Vater und Sohn) studierte er in Yale und schloss in Boston 1976 mit dem juristischen Doktorgrad ab. Danach wurde er Anwalt und Staatsanwalt mit dem Schwerpunkt Organisiertes Verbrechen, eine Erfahrung, die ihm als Senator zugute kam. Im Senat ließ er sich in den auswärtigen Ausschuss wählen und wurde hier ein zweites Mal landesweit bekannt. Der von ihm geführte Unterausschuss war es, der maßgeblich die Iran-Contra-Affäre aufdeckte. «Eine der Lektionen von Vietnam handelt vom Lügen», sagte Kerry, «von Leuten, die die Wahrheit vor dem amerikanischen Volk verbergen, und in Lateinamerika gab es dazu eine klare Parallele.»

Der Schriftsteller Gore Vidal, der sich zweimal (vergeblich natürlich) um einen Sitz im Kongress bemüht hat, der auch nicht unbedingt arm ist und zudem über die besten Verbindungen zur amerikanischen Elite verfügt, kann plausibel nachweisen, dass die Demokratie bereits in dem Moment ausgehebelt ist, wo jemand nach Washington entsandt wurde. Wenn er die Wahl tatsächlich gewonnen hat, wird der Herr Abgeordnete die nächsten vier Jahre damit verbringen, genügend Geld für seine Wiederwahl aufzutreiben, wird bei Firmen antichambrieren, Wahlkreisgeschenke machen und sich so populär geben, wie er es natürlich nicht ist. Dass ein solcher Abgeordneter unabhängig und nur seinem Gewissen unterworfen sei, lässt sich dann nicht mehr behaupten.

Die konservativen Medien verfolgen interessiert, wie Kerry lange schon genau bei jenen Interessengruppen kräftig Spenden sammelt, die er in seinen Wahlkampfreden so heftig kritisiert: mächtige Lobbyfirmen und Anwaltskanzleien, die lokale Baukonzerne, Pharma- und Medienkonzerne und sogar die von Kerry als Handlanger Bushs gescholtenen Ölkonzerne vertreten. Wie auch anders. In zwanzig Jahren hat Kerry viele politische Initiativen der Wirtschaft unterstützt, oft auch gemeinsam mit den Republikanern. Echte linke Kandidaten sind immer gescheitert, ebenso wie Ralph Nader wieder scheitern wird. George McGovern, der 1972 gegen einen Richard Nixon antrat, der sein Wahlversprechen, den Krieg in Vietnam zu beenden, auf flagrante Weise nicht eingelöst hatte, trug den Demokraten die schlimmste Niederlage in ihrer Geschichte ein.

Kerry ist liberal, aber er ist kein Linker. Gerade das ist seine Chance. Auch er würde die Kirche im Dorf lassen. Auch er würde den Patriotismus hochhalten. Den Terror zwangsläufig weiter bekämpfen. Die führende Rolle Amerikas in der Welt erhalten wollen. Und, wer weiß, auch lügen. Aber es würde wieder jenes berechenbare Maß haben, das man vor dem Aufmarsch der Bush-Administration und ihrer konservativ-neokonservativen Kriegs- und Weltdominanzideologen kannte. Die America-First-Politik der erzkonservativen Republikanergarde würde zwar nicht folgenlos bleiben, aber am Ende ein irritierendes, jedoch kurzes Intermezzo. Amerika könnte sich auf bürgerliche Werte und Rechte besinnen, die das Land stark gemacht haben, und den geistigen

Ausnahmezustand beenden, den eine kleine Gruppe von Ideologen über das Land verhängt hat. Es braucht kein neues Woodstock für einen Neuanfang Amerikas – und auch kein neues Vietnam.

Am 2. November sind Wahlen.

Lügen haben lange Beine –
Aus einem Geschichtsbuch
des Jahres 2010

«Wer in der Zukunft lesen will,
muss in der Vergangenheit blättern.»
André Malraux

Wie weiter?
Mit einigem Sarkasmus hat der Schriftsteller Gore Vidal auf
die Frage, wie die Vereinigten Staaten auf den Angriff der Selbst-
mordattentäter seiner Meinung nach hätten reagieren sollen, die
folgende Antwort gegeben: «Traditionsgemäß hätte diesem Angriff sofort eine Invasion in Kanada folgen müssen.» Und auf die
verblüffte Nachfrage, was denn Kanada mit dem abscheulichen
Verbrechen zu schaffen habe: «Nicht mehr als Afghanistan, das
wir dann auch prompt in Grund und Boden bombten.» Sicherlich
gibt es da ein paar Unterschiede, aber der Hinweis auf die Art der
Reaktion ist von Bedeutung.

Es gibt verschiedene Folgeentwicklungen, die die Administration Bush in Gang gesetzt hat, von denen sich herausstellen wird,
dass sie unumkehrbar sind. Dazu zählen vor allem die Folgen ihrer Reaktion auf die Terrorangriffe am 11. September 2001. Die
Interventionen in Afghanistan und im Irak haben die Vereinigten
Staaten als Supermacht gezeigt, die sich internationalen Zusam-
menhängen und Konventionen auf schwer ausrechenbare Weise
entziehen, wenn sie sich bedroht sehen. Die «Bush-Krieger» (*Der
Spiegel*) haben die militärische Option gleichwertig neben die politische gestellt und die Lüge – im Inneren wie nach außen – neben die Wahrheit, um sie durchzusetzen. Das wird die Politik im
Land und weltweit auf Jahre mit Misstrauen durchtränken. Und
eine der großen Lügen wird sich in den kommenden Jahren erst

in ihrer ganzen Dimension enthüllen: dass nämlich die Welt durch den Kampf gegen den Terror, wie er von der Administration Bush ins Werk gesetzt wurde, sicherer geworden wäre. Denn das würde voraussetzen, dass die Prozesse, die in den letzten Jahren in Gang gesetzt wurden, politisch (oder am Ende wenigstens militärisch) beherrschbar sind. Zwei Szenarien: zunächst die weniger schöne Variante.

1. Die Ära Bush nach der Wiederwahl

Die Wiederwahl des George W. Bush am 2. November 2004 ist kein berauschender Sieg. Seinem Kontrahenten John F. Kerry hat am Ende die Kraft verlassen; er hat die Wechselwähler nicht überzeugen können. Das Kapital steht auch bei dieser Wahl hinter Bush. Die Versuche der Demokraten, den republikanischen Präsidenten als Mann des großen Geldes vorzustellen, der im Dienste der Superreichen Politik macht, scheitern indessen. Auch Kerry ist als Senator von großen Konzernen unterstützt worden, für die er dann Politik gemacht hat. Eine der übelsten Kolumnistinnen des Landes, die ultrakonservative Ann Coulter, hat ihn im Wahlkampf verhöhnt, weil Kerry zweimal reiche Erbinnen zur Frau nahm. Dieser «Witwentröster» habe stets «von anderer Männer Geld gelebt, indem er ihre Frauen oder Töchter heiratete».

Kerry ist kein hinreißender Wahlkämpfer gewesen. Ein etwas dröger Patrizier, der nie die richtigen Töne gefunden hat, um die einfachen Leute zu erreichen. Bei einem seiner Wahlkampfauftritte verlangte er Schweizer Käse zum Steak statt amerikanischen Schmelzkäse. Er trinkt Wein, kein Dosenbier, und der Wählertypus der Nascar-Dads verachtet ihn. Das sind weiße Familienväter, die sich beim Tourenwagenrennen treffen. Sie kommen meist aus der Unterschicht, haben Angst, dass Schwarze ih-

211

nen die Jobs wegnehmen, dass die Frauen ihnen untreu werden und dass die Kinder daheim zu viel fragen. Ihr Held ist Bush. Er mag Autos, die im Kreis fahren, er schätzt – wie die Nascar-Dads – Waffen, und er weiß, wie Machos denken. Vor allem mögen sie keine reichen Klugschwätzer von der Ostküste.

Die meisten der radikalen Christen, deren Zahl auf 70 Millionen geschätzt wird, hat Bush auch diesmal auf seiner Seite, nicht zuletzt wegen seiner umstrittenen Kampagne gegen gleichgeschlechtliche Lebensgemeinschaften. «Ich fühle, dass Gott zu mir spricht», hat er verbreiten lassen. Später stellen Wahlforscher fest, dass etwa zwei Drittel der Kirchgänger, die jeden Sonntag zum Gottesdienst gehen, Bush gewählt haben. Wahlentscheidend aber ist, dass Bush erfolgreich den Eindruck erweckt, mit der Wirtschaft gehe es wieder aufwärts. Er verspricht neue Steuersenkungen, und viele Wähler glauben an den Aufschwung, obwohl ihre eigene Lage verheerend ist.

Nach dem Sieg von Bush wird der Militärhaushalt noch einmal aufgestockt, das Haushaltsdefizit wächst weiter – Verteidigungsaufgaben sind, auch volkswirtschaftlich gesehen, eine Bürde. Die amerikanischen Staatsfinanzen werden vollends zerrüttet. Schon in der ersten Amtszeit von Bush sind die Amerikaner nicht mehr in der Lage gewesen, ihre Schulden selbst zu bezahlen. Vor allem die Chinesen haben amerikanische Treasure-Bills gekauft.

Unter dem Schirm des Kampfes gegen Terrorismus blüht der Protektionismus. Das gesamte Finanzsystem der Vereinigten Staaten gerät dennoch in Turbulenzen. US-Hypothekengiganten, die hinter einer Summe von vier Billionen Dollar an Privathypotheken stehen, geraten in die Überschuldung und ins Trudeln.

Die Kluft zwischen dem armen Süden und dem reichen Norden auf der Welt wird in der zweiten Amtszeit Bush noch größer. Einer Studie zufolge werden weltweit 900 Millionen Bauern in Armut gehalten, weil die USA – und auch die EU – mit Hilfe von

Exportsubventionen Argrarüberschüsse in Entwicklungsländer exportieren. Gleichzeitig schirmen sich die USA mit hohen Einfuhrzöllen gegen die Konkurrenz der armen Länder ab.

Die Beziehungen zwischen den USA und Europa sind nun weniger frostig als in der ersten Amtszeit Bush, aber alte Absprachen gelten nicht mehr. Internationale Verträge und Institutionen stehen zur Disposition. Die Entfremdung zwischen Amerika und Europa ist von Dauer. Amerika und Frankreich legen ihre Feindseligkeiten bei, verhalten sich aber wie ein altes Ehepaar, das nur aus Gewohnheit noch miteinander redet.

Bush gerät zu Beginn seiner zweiten Amtszeit durch die prekäre Lage im Irak unter Druck. Im Frühjahr 2005 erscheint ein abschließender Bericht über die Fehlprognosen der Geheimdienste. Das Ergebnis ist für Außenstehende kaum nachvollziehbar: Saddam Hussein, so das Fazit, habe den Eindruck erweckt, er verfüge über Massenvernichtungswaffen, und niemand habe ausschließen können, dass er nicht eines Tages solche Waffen einsetzen wollte. Den willfährigen Geheimdienstchef Tenet lässt Bush im Amt.

Der internationale Terrorismus breitet sich metastasenartig aus. Schrecklicher Höhepunkt ist ein weiterer verheerender Terroranschlag im Jahr 2008 in einer europäischen Großstadt, in Mailand. Sympathisanten einer radikalen islamistischen Gruppe haben einen schmutzigen Sprengkörper gezündet, der viele tausend Menschen tötet. Italienische und amerikanische Behörden haben zuvor Hinweise auf die Täter bekommen, Mitkämpfer der algerischen GIA, der «Bewaffneten islamischen Gruppe». Aber die Informationen werden für unglaubwürdig gehalten. Ein 2007 gefertigter Geheimdienstbericht des amerikanischen National Intelligence Estimate (NIE), in dem wichtige Hinweise auf die Hintermänner des Anschlages gesammelt wurden, ist ignoriert wor-

213

den. Kritiker hatten erklärt, der Report sei ebenso zusammengeschustert worden wie der alte NIE-Bericht im September 2002 über die angeblichen Massenvernichtungswaffen im Irak.

Nach dem Anschlag von Mailand treffen sich der amerikanische Präsident, die deutsche Kanzlerin Angela Merkel, der konservative britische Premier Michael Howard und die sozialistischen Staatschefs von Italien, Frankreich und Spanien, um eine engere Zusammenarbeit im Kampf gegen den internationalen Terrorismus zu vereinbaren. Als die Ermittler beginnen, das Netz der Attentäter von Mailand aufzurollen, stoßen sie auf Verbindungen, die Ende 2003 schon einmal diskutiert worden sind. Damals hatte sogar die Presse über einen nuklearen Schmugglerring berichtet, der von dem pakistanischen Nationalhelden Abdul Qadeer Khan organisiert worden war. Das Atommaterial ist von den Khan-Leuten an Mittelsmänner weitergereicht worden, die Terroristen der GIA damit ausgerüstet haben.

Aber auch die islamischen Staaten streben weiter nach der Bombe, in dem Glauben, ihr Besitz sei die einzige Chance, die Militärmaschinerie der Regierung Bush fern zu halten. Die Regime in Pakistan und im Iran verfolgen ihre eigenen Pläne unverdrossen. Der Nahe Osten bleibt ein Pulverfass. Und Doktrin der Bush-Administration bleibt, was der Neokonservative Richard Perle schon in einem Buch zu den territorialen Ansprüchen der Palästinenser erklärt hat: «Wir werden die ungeheure Malaise der muslimischen Zivilisation, die am 11. September offenbar wurde, nicht dadurch beheben, dass wir den 23. arabischen Staat aus den Hügeln von Judäa herausmeißeln.»

In Afghanistan sind Frauen in weiten Teilen des Landes ebenso entrechtet wie unter den Taliban: Vergewaltigungen, Zwangsheiraten, die Steinigung von Ehebrecherinnen gehören, wie Menschenrechtskommissionen übereinstimmend berichten, zum Alltag. Außerhalb von Kabul haben die alten Warlords das Sagen.

Der Handel mit Rohopium floriert. Im Jahr 2006 werden in Afghanistan mehr als 4000 Tonnen Rohopium produziert und exportiert – das entspricht etwa 90 Prozent des in Europa konsumierten Heroins. Die Welt ist durch Weltpolizisten und Hilfspolizisten nicht sicherer geworden.

Am Ende seiner zweiten Amtszeit äußert George W. Bush die kühne Idee, sein Bruder Ellis («Jeb») möge sein Nachfolger werden. Diesmal demonstrieren sogar die Republikaner.

2. Die ersten Jahre der Ära Kerry

Der 43. Präsident der Vereinigten Staaten, George W. Bush, der mit einer Gruppe konservativer Isolationisten Anfang 2001 die Macht in den Vereinigten Staaten übernommen hat, wird – wie sein Vater George H. W. Bush – schon am Ende der ersten Amtszeit abgewählt. Sein Traum von der neoimperialen Weltvorherrschaft hat die Welt gegen ihn aufgebracht. Von der Doktrin, die Welt nach dem Willen der USA neu zu ordnen, bleibt in der Folge wenig.

Sein Herausforderer, Präsident John F. Kerry, ist kein Traumkandidat gewesen, eher ein Mann der Widersprüche, dem es an Ausstrahlung mangelt. Bushs Niederlage fällt denn auch knapp aus, und die meisten Kommentatoren sind sich einig, dass es mehr eine Abwahl als eine Wahl gewesen ist. Die Demokraten haben im Herbst 2004 mehr Anhänger mobilisieren können als vier Jahre zuvor. Die Abneigung gegen Bush hat die unterschiedlichen Lager der Demokraten zusammengeführt.

Die Wahl dreht sich am Ende weit mehr um das Thema Wirtschaft als um Krieg und Frieden. Und die Kluft zwischen Arm und Reich ist in der Präsidentschaft von George W. Bush noch größer geworden. Die Vermögenden, die ihn in seinen Wahlkämpfen unterstützt haben, sind von ihm durch Steuerprivilegien kräftig gefördert worden. Ein Prozent der Amerikaner besitzt 40 Prozent des gesamten Vermögens. Die Jahreseinkommen der mittleren Einkommensschichten sind in der Bush-Ära zwar von 41 400 auf 45 100 Dollar gestiegen, was einer Steigerungsrate von etwa neun Prozent entspricht. Die Jahreseinkommen der oberen Einkommensschichten aber sind explodiert: von 429 000 Dollar auf 1,016 Millionen Dollar – das ist eine Steigerung von 140 Prozent.

Das Haushaltsdefizit ist unter Bush auf 521 Milliarden Dollar angestiegen, was – wie der damalige, stramm konservative US-Notenbankchef Alan Greenspan im Wahlkampf erklärt, «langfristig zu Schwierigkeiten führen wird».

Bush verliert, weil sich sein Kriegskabinett zu wenig um wirtschaftliche Zusammenhänge gekümmert hat. Er kehrt nach Texas zurück, sein Vize Dick Cheney wird Berater großer Ölkonzerne, und Paul Wolfowitz sowie Condoleezza Rice übernehmen Professuren. Außenminister Colin Powell hat ohnehin nicht mehr in der Regierung bleiben wollen, Exverteidigungsminister Donald Rumsfeld, ein begabter Sprecher aller Texte zwischen den Zeilen, vertreibt sich die Zeit danach durch Vorträge.

Schon bevor Kerry sein Amt übernimmt, steht fest, dass CIA-Chef George Tenet gehen muss. Dessen Nachfolger übernimmt ein schwieriges Amt. Die alten Fehler müssen analysiert und ein neuer Lagebericht gefertigt werden. Es hat viele Fehler gegeben: Hinweise auf die Massenmörder des Massakers vom 11. September sind nicht ernsthaft beachtet worden, zum Beispiel der Hinweis deutscher Verfassungsschützer auf einen verdächtigen Islamisten. Dabei handelte es sich um Marwan al-Shehhi, den Todespiloten, der am 11. September ein Flugzeug in den Südturm steuerte. Unverständlich erscheint weiter, dass die US-Truppen im Dezember 2001 Osama Bin Laden in Afghanistan während der Schlacht um Tora Bora haben davonkommen lassen. Seine ungewöhnlich weiche Stimme war im abgehörten Funkverkehr aus Tora Bora aufgefallen, aber die wichtigen Routen, die aus der Bergfestung führten, hatten fortan nicht die Elitekämpfer der Amerikaner gesichert, sondern afghanische Kämpfer, die Bin Laden mit seinen Leuten passieren ließen.

Das Netzwerk der islamistischen Terroristen hat sich durch die Politik der USA weiterentwickelt. Während der Monate, in denen sich die Bush-Regierung auf den Waffengang gegen den Irak vorbereitet hat, kann sich die Terrorholding al-Qaida ausbreiten. Die Regionalisierung des Terrors hat nach dem Franchise-System funktioniert. Das Leitungspersonal ist in Afghanistan gemeinsam ausgebildet und dann in die Selbständigkeit entlassen worden. An vielen Orten sind Organisationen entstanden, die unabhängig voneinander Terrorakte planen und gelegentlich arbeitsteilig zusammenwirken. In Afrika und Südostasien sind neue Trainingslager aufgebaut worden, und die Mörder bekommen auch deshalb Zulauf, weil in der Szene Videos von Terrormorden im Irak kursieren. Nach dem Sturz des Diktators Saddam Hussein sind die Gotteskrieger tatsächlich auch in den Irak gezogen.

Terrorismus ist zu allen Zeiten ein Angriff auf die Gesellschaft gewesen. Er entspringt in der Regel der Auflehnung gegen Verhältnisse, die er ändern will. Anders als die vielen Vorgängerorganisationen in der langen Geschichte des Terrorismus halten es die fundamentalistischen Schlächter allerdings nicht für nötig, ihr Handeln mit Rechtfertigungen zu versehen. Die meisten dieser selbst ernannten Gotteskrieger wollen morden und nicht überzeugen, und das macht sie besonders gefährlich. Um diesen Gegner, der keine Armeen, keine Flugzeuge, keine Kriegsschiffe braucht, wirksam bekämpfen zu können, beginnt in der Ära Kerry die Diskussion über Ursachen des Terrorismus. Obwohl diverse politische Initiativen für den erweiterten Nahen Osten gescheitert sind,

gelingt es Kerry, die Einrichtung eines Palästinenserstaates voran-
zutreiben.

Erhebliche Diskussionen beim US-Militär lösen Pläne Kerrys aus, das Internationale Abkommen zur Ächtung von Antiperso-nenminen zu unterzeichnen. Weltweit liegen etwa 50 bis 100 Millionen Minen im Boden, darunter viele, die von US-Firmen entwickelt worden sind und sehr verlässlich töten. Jährlich sterben mehrere tausend Menschen durch Minenexplosionen. Der so genannten Ottawa-Konvention, die 1997 beschlossen worden ist und die Produktion solcher Minen verbietet, haben sich 141 Staaten angeschlossen.

Im Kampf gegen die Weiterverbreitung von Atomwaffen entwickelt Kerry eine neue Strategie. Die größte Gefahr gehe nicht von Staaten, sondern von «Exporteuren des Todes» aus, die meistbietend Material verkaufen. Bei der Bekämpfung des Atomschmuggels dürfe es keine Rücksichten auf Unternehmen geben, die zur Proliferation beitragen.

Die Hegemonialpolitik der Regierung Bush hat die Welt unsicherer gemacht. In vielen Ländern der Dritten Welt übernehmen Räuberbanden die Macht. Der Irak wird von unzähligen Attentaten heimgesucht. Die traditionelle und politische Rivalität zwischen Schiiten und Sunniten eskaliert – ein Bürgerkrieg erschüttert das Land. Irak wird 2007 zwischen Kurden, Schiiten und Sunniten dreigeteilt, der amerikanische Präsident ordnet den Rückzug seiner Soldaten an. In Saudi-Arabien kollabiert das Königreich, im Iran revoltieren die jungen Leute gegen die Mullahs, doch der Aufstand wird niedergeschlagen.

Der Konflikt zwischen dem alten Europa und den USA wird in der Ära Kerry beendet, die Vereinigten Staaten nehmen mehr Rücksicht auf ihre alten Partner. Dennoch kommt es zu harten Handelskonflikten um die Erschließung neuer asiatischer und osteuropäischer Märkte.

Die angebliche Achse Moskau–Paris–Berlin, die von den Neo-konservativen der Bush-Zeit als große Gefahr beschrieben worden ist, stellt sich als Erfindung heraus. Der frühere deutsche Bundeskanzler Gerhard Schröder schreibt in seinen Memoiren, die Deutschen hätten lange gefürchtet, bei ihrem Nein zum Krieg von den Franzosen und Russen allein gelassen zu werden.

In den USA gibt es ein Roll-back, durch das der Rüstungsetat jährlich um fünf Prozent schrumpft – das Geld wird für die Aufrüstung von Schulen verwendet. Das Gefangenencamp auf Guantanamo wird aufgelöst. In den amerikanischen Bundesstaaten leben Initiativen auf, die Todesstrafe abzuschaffen.

In New York wird das Rauchen in den Gaststätten wieder erlaubt, nachdem Bill Clinton dort erfolgreich zum Bürgermeister kandidiert hat. Um George W. Bush wird es still. Er lässt 2006 seine Memoiren schreiben. Das Interesse ist mäßig.

Dank

Dieses Buch wurde geschrieben aus Sorge über den des Irrweg, den die USA eingeschlagen haben. Es soll dem deutschen Leser den Gang der Ereignisse in den USA und die Entwicklung vor und nach den Terroranschlägen vom 11. September so klar und verständlich wie möglich schildern.

Besonderen Dank schulde ich meinem Lektor Frank Strickstrock, der mit großem persönlichem Engagement das Projekt vorangetrieben hat. Die Kollegen der *Süddeutschen Zeitung*, Nicolas Richter und Willi Winkler, haben mit wichtigen Recherchen und Beiträgen zum Gelingen des Buches beigetragen. Der Enthusiasmus der Kollegen und ihre redaktionelle Unterstützung waren eine große Hilfe. Der Kollege Thomas Schuler, der sich auch in Buchform intensiv mit dem amerikanischen Recht auseinander gesetzt hat, machte mich auf wichtige Aspekte aufmerksam, die ich übersehen hätte. Die Kollegen Marc Hoch und Hans-Juergen Jakobs gaben nach Lektüre der Fahnen wertvolle Anregungen.

Dank schulde ich auch etlichen amerikanischen Kollegen, insbesondere dem nimmermüden Charles Lewis und Mitarbeitern des Center for Public Integrity, die wichtige Hinweise geliefert haben.

Langjährige Gesprächspartner der amerikanischen Geheimdienste, deren Namen ich nicht nennen darf, haben mich bei dem Projekt unterstützt. Sie hatten mir seit Frühsommer 2002 wertvolle Tipps gegeben, die ich in Beiträgen für die *Süddeutsche Zei-*

tung verarbeiten konnte. Mit einigen von ihnen hatte ich bereits vor mehr als fünfzehn Jahren bei der Suche nach den Helfern Saddam Husseins beim Aufbau seines Massenvernichtungsarsenals zusammengearbeitet.

Damals hatte die amerikanische Regierung Saddams Potenzial unterschätzt, diesmal hat sie die Gefahren erfunden.

Literatur

Abelson, Donald E.: Do Think Tanks matter? Assessing the Impact of Public Policy Institutes, Montreal (McGill-Queen's University Press) 2002.

Baer, Robert: Die Saudi-Connection. Wie Amerika seine Seele verkaufte, München 2004.

Barber, Benjamin R.: Imperium der Angst. Die USA und die Neuordnung der Welt, München 2003.

Bellow, Saul: Ravelstein, Bergisch Gladbach 2003.

Bender, Peter: Weltmacht Amerika. Das neue Rom, Stuttgart 2003.

Bloom, Allan: Der Niedergang des amerikanischen Geistes. Ein Plädoyer für die Erneuerung der westlichen Kultur, Hamburg 1988.

Clarke, Richard: Against All Enemies: Inside America's War on Terror, New York (Simon & Schuster) 2004.

Corn, David: Die Lügen des George W. Bush, München 2004.

Decter, Midge: Rumsfeld. A Personal Portrait, New York (Regan Books) 2003.

Frum, David: The Right Man. The surprise Presidency of George W. Bush, New York (Random House) 2003.

Frum, David, und Richard Perle: An End to Evil: How to Win the War on Terror, New York (Random House) Dezember 2003.

Hamza, Khidir, mit Jeff Stein: Saddam's Bombmaker, The Daring Escape of the Man who Built Iraq's Secret Weapon, New York (Simon & Schuster) 2000.

Heinrichs, Hans-Jürgen: Die gekränkte Supermacht. Amerika auf der Couch, Düsseldorf 2003.

Gehlen, Martin: Think Tanks in der amerikanischen Sozialpolitik. Einfluss und Einflusslosigkeit bei den Welfare-Reformen von 1988 und 1996, Dissertation am Max-Weber-Kolleg der Universität Erfurt, Erfurt 2003.

Hondrich, Karl Otto: Wieder Krieg, Frankfurt am Main 2002.

Johnson, Chalmers: Der Selbstmord der amerikanischen Demokratie, München 2003.

Kagan, Robert: Macht und Ohnmacht, Berlin 2003.

Kaplan, Lawrence F., und Kristol, William: The war over Iraq. Saddam's Tyranny and America's Mission, San Francisco (Encounter Books) 2003.

Kerry, John F.: A Call to Service. My Vision for a Better America, New York (Viking) 2003.

Kissinger, Henry: Jahre der Erneuerung. Erinnerungen, München 1999.

Krames, Jeffrey A.: The Rumsfeld Way. Leadership Wisdom of a Battle-Hardened Maverick, New York (McGraw-Hill) 2002.

Krugman, Paul, Der große Ausverkauf. Wie die Bush-Regierung Amerika ruiniert, Frankfurt am Main 2004.

Lewis, Charles: The Buying of the President 2004, New York (Perennial) 2004.

Mailer, Norman: Heiliger Krieg: Amerikas Kreuzzug, Reinbek 2003.

Mann, James: Rise of the Vulcans: The History of Bush's war cabinet, New York (Viking Books) 2004.

Mann, Michael: Die ohnmächtige Supermacht. Warum die USA die Welt nicht regieren können, Frankfurt am Main 2003.

Murray, Charles: Losing Ground. American Social Policy 1950–1980, New York (Basic Books) 1995.

Mylroie, Laurie: Study of Revenge: The First World Trade Center Attack and Saddam Hussein's War against America, New York (Regan Books) 2001.

Napoleoni, Loretta: Die Ökonomie des Terrors. Auf den Spuren der Dollars hinter dem Terrorismus, München 2004.

Nitze, Paul H.: Tension Between Opposites: Reflections on the Practice and Theory of Politics, New Jersey (Prentice Hall) 1993.

Perle, Richard: Hard Line, New York (Random House) 1992.

Powell, Colin: Mein Weg, München 1996.

Powell, Colin, und Persico, Joseph: My American Journey, New York (Ballantine Books) 2003.

Schockenhoff, Eberhard: Zur Lüge verdammt? Politik, Medien, Medizin, Justiz, Wissenschaft und die Ethik der Wahrheit, Freiburg i. Br. 2000.

Schuler, Thomas: Immer im Recht. Wie Amerika sich und seine Ideale verrät, München 2003.

Schumacher, Joachim: Die Angst vor dem Chaos. Über die falsche Apokalypse des Bürgertums, Frankfurt am Main 1972.

Stefanic, Jean, und Delgado, Richard: No Mercy. How Conservative Think Tanks and Foundations Changed America's Social Agenda, Philadelphia (Temple University Press) 1996.

Weber, Max: Wirtschaft und Gesellschaft. Die Stadt, Tübingen 2000.

Woodward, Bob: Die Befehlshaber, Köln 1991.

Woodward, Bob: Bush at War. Amerika im Krieg, Stuttgart, München 2003.